La otra búsqueda

RAFAEL ARRÁIZ LUCCA

BIBLIOTECA 15

© Rafael Arráiz Lucca, 2018
© Editorial Alfa, 2018
© Alfa Digital, 2018

Reservados todos los derechos. Queda rigurosamente prohibida, sin autorización escrita de los titulares del Copyright, bajo las sanciones establecidas en las leyes, la reproducción parcial o total de esta obra por cualquier medio o procedimiento, incluidos la reprografía y el tratamiento informático.

Editorial Alfa
Apartado postal 50304. Caracas 1050, Venezuela
e-mail: contacto@editorial-alfa.com
www.editorial-alfa.com

Alfa Digital
C. Centre, 5. Gavà 08850. Barcelona, España
e-mail: contacto@alfadigital.es
www.alfadigital.es

ISBN: 978-84-17014-86-5

Diseño de colección
Ulises Milla Lacurcia
Maquetación
Rocío Jaimes - Alfa Digital
Corrección de estilo
Carlos Gozález Nieto
Retrato de la autor
© Efrén Hernández
Imagen de portada
iStockphoto.com

Printed by CreateSpace, An Amazon Company

Rafael Arráiz Lucca

La otra búsqueda
_Autobiografía espiritual

Índice

La primera imagen de Cristo 11
La fuerza simbólica del árbol
Primer encuentro con la muerte

**Las revelaciones de Antonio Machado
y Bertrand Russell** 21
Una maestra me entrega la llave
Herman Hesse toca la puerta

**La poesía abre sus puertas: Cadenas, Montejo, Liscano,
Rojas Guardia, Eliot** 31
Poesía y búsqueda interior

Entre Jacques Lacan y Vicente Gerbasi 43
Primera experiencia psicoanalítica
La poesía lunar de Hanni Ossott

Gandhi: un personaje central entra en escena 51
Política y espíritu
Un harapiento en el palacio de Buckingham

La clave del taoísmo 55
Lao Tsé y el *Tao Te King*
La traducción de Elorduy

El budismo ilumina el bosque. *El Dhammapada* 67
    Llega Yajaira Rendón
    Sogyal Rimpoché
    El Dalai Lama
    La palabra de Buda

Sigmund Freud y Carl Gustav Jung dejan sus trazos 83
    La ausencia de los padres
    Segunda experiencia analítica
    La bendición de la enseñanza

El *Quijote* y Cioran 95
    Una temporada en Warwick
    Entre la sensatez y la locura

Una luz ecuánime nos acompaña: Rafael López-Pedraza 103
    La vida en Oxford
    Viaje a India
    Uslar y Liscano: último diálogo

Un cambio de paradigma llamado Elizabeth Kübler-Ross ... 115
    El caso de la señora Schwartz
    Los aportes de Eben Alexander

La enfermedad es el camino, según Rüdiger Dahlke 125
    El caso de los estigmas de Cristo en Margarita

Hacia otra etapa y Paramahansa Yogananda 131
    El dolor del destierro
    Hacia la última etapa

Ramiro Calle: un puente entre Oriente y Occidente 137
    Otro mundo en dos libros

Tres años en Bogotá: Sai Baba, Osho, los *Vedas*, los *Upanishads*, el *Bhagavad-Gita* 145
    La lectura de Raimon Pannikar
    La práctica de la meditación
    La poesía de Elizabeth Schön

Experiencias extrañas 165
    Patricia, la médium
    Los mamos
    La depresión

Última inmersión psicoanalítica 175
    Cuatro sueños

De vuelta en Caracas: Joseph Campbell y la mitología 181
    El regreso a casa

Dos libros iniciáticos: *El principito* y *Alicia en el país de las maravillas* 191
    Las visiones del zorro
    Seguir al conejo

El accidente de la puerta contra la columna, George Steiner, la astrología 197
    Prefiguración de la muerte
    Diálogos con Carmen Verde Arocha

Apuntes finales 205
    La inteligencia espiritual
    La unidad

Bibliografía 213

*Tú eres lo que es el profundo deseo que te impulsa.
Tal como es tu deseo es tu voluntad.
Tal como es tu voluntad son tus actos.
Tal como son tus actos es tu destino.*
Brihadaranyaka Upanishad Iv.4.5

La mejor forma de ayudar a la humanidad es a través del perfeccionamiento de uno mismo.
Krishna

Si permites que lo que está en tu interior se manifieste, eso te salvará. Si no lo haces te destruirá.
Jesús de Nazaret

La vida me ha parecido siempre como una planta que vive de su rizoma. Su vida propia no es perceptible, se esconde en el rizoma. Lo que es visible sobre la tierra dura solo un verano. Luego se marchita. Es un fenómeno efímero.
Carl Gustav Jung

La primera imagen de Cristo

INTENTO HACER VERBO mi discreta experiencia psicológica y espiritual porque creo que puede ser de interés para mis hijos y nietos, así como para algunas personas cercanas que podrían sentir curiosidad por conocer ese recorrido. Confieso que me da una pizca de vergüenza la escritura en primera persona del singular, después de llevar años trajinando el nosotros en los textos académicos que escribo. Esta misma incomodidad (quizás) ha contribuido a debilitar la fuente de donde antes manaban mis poemas, pero pareciera haber llegado el momento de volver a trabajar conmigo mismo. Es como si volviera a beber las aguas iniciales de mi escritura: las de la poesía personal, las de la temperatura interior, las que buscan respuestas en el adentro a partir de datos ofrecidos por el afuera y viceversa. Aquellas a las que abrió las puertas Michel de Montaigne en el siglo XVI, desde la torre de su castillo. Vayamos hacia mis primeros recuerdos acerca del misterio.

Los domingos a las once de la mañana solíamos ir a misa en la capilla del Colegio San Agustín, en la vieja urbanización El Paraíso, en Caracas. Entonces, tendría unos seis años cuando me llevaban mis padres y mi tía abuela, que vivía con nosotros y fungía de abuela, ya que las madres de mis padres habían muerto en las infancias tempranas de ellos. La capilla de aquel colegio me puso en contacto con algo nuevo para mí: se entraba a un recinto pequeño con la luz tenue, tamizada por las cortinas, y un sacerdote hablaba un español distinto al nuestro. Naturalmente, era gallego, pero a diferencia de muchos otros presbíteros gallegos que conocí después, aquel estaba tomado por una verdadera dulzura. El padre Argüello hablaba de Cristo con un fervor que llegaba directo a mi psique infantil. Era verdad.

Aquellas experiencias dominicales en 1965 me llenaban de dudas, y aprovechaba el regreso a casa en el automóvil para irles preguntando a mis mayores. Mi padre no estaba muy dispuesto a responderme porque, entendí mucho tiempo después, tampoco tenía respuestas para aquello de lo que participábamos: una misa. Mi madre sí, y además le divertían mucho mis preguntas sobre la naturaleza de Dios y el misterio de la Santísima Trinidad, asuntos para los que no tenía mayores respuestas, más allá de decirme que se trataba de un enigma. Y en efecto sí que lo era. Tampoco logré entonces entender por qué Dios hecho hombre había sido crucificado y estaba allí, presidiendo el altar, en aquella condición tan lastimosa, clavado a una cruz, sangrando. Me anonadaba que si nosotros no le causamos aquel martirio nos arrogáramos el hecho como propio. Sobre esto sí recuerdo que mi padre se esmeró en hacerme entender que nosotros formábamos parte de una familia de creyentes, que tenía casi dos mil años, descendientes de Adán y Eva. ¿Creyentes de qué? Alguna vez repregunté, y mi padre me dijo: «Creemos que ese hombre crucificado era Dios». Mi conmoción fue mayúscula: ¿cómo si aquel señor en harapos era Dios, nuestra familia lejana lo había tratado tan mal? ¿Por qué? Recuerdo el embarazo de mis padres y mi abuela intentando explicarme aquello, un cometido inalcanzable, lo que me fue dando la idea de que alrededor de aquel rito dominical había un misterio, algo inexplicable.

Al fin, un mediodía de regreso de la capilla me explicaron que el «nosotros pecadores» que habíamos crucificado a Cristo se refería al género humano, pero que no era históricamente exacto, ya que quienes sentenciaron su martirio y muerte fueron el sanedrín y la autoridad romana, Poncio Pilato. A los judíos les parecía una herejía que Jesús se presentase como el hijo de Dios y a los romanos una fuente de rebelión, una incomodidad. Esta explicación, aunque ardua para mis años de entonces, me tranquilizaba en relación con la ejecución de Cristo. No fuimos exactamente nosotros, pensaba, sino los que jamás creyeron que aquel hombre sencillo, que decía «amaos los unos a los otros», era Dios hecho hombre, una encarnación divina. Tiempo después comprendí que era muy difícil pedirle al sanedrín que tolerara la herejía de un campesino que se presentaba como el hijo de Dios. Aquello era imposible, ciertamente. Muchos años después leí en alguna página de Jorge Luis Borges que «el cristianismo era una herejía del judaísmo», y ciertamente lo es. Jesús fue un cataclismo para el judaísmo, un «parteaguas».

No menos difícil de entender era la historia de Adán y Eva y el Paraíso Terrenal. Por más que me explicaban que la pareja había cometido el pecado de comer una manzana prohibida por Dios, que había sido entregada a la pareja por una serpiente, no entendía por qué aquello podía ser una falta tan grave, por qué Dios era tan severo. Me explicaban que la pareja había perdido la inocencia alcanzando la conciencia, algo gravísimo, y que la había perdido al desobedecer a Dios. De todo aquello me quedaba claro que Dios se enfurecía terriblemente si lo desobedecían, cosa que me llevaba a pensar que las súplicas por el perdón de Dios en la misa se basaban en esta escena de la pareja de antepasados de donde veníamos nosotros. Me quedaba claro que nosotros éramos unos pecadores implorantes de perdón y Dios un señor muy severo que nos castigaba sin clemencia. Sin embargo, escuchaba hablar del infinito amor de Dios por nosotros y no entendía muy bien de qué se trataba, más bien me parecía que había que irse con cuidado ante su tendencia a la furia. También oía hablar del temor que debía tenérsele a Dios y eso sí me parecía más lógico, de acuerdo con las historias que iban quedando en mi mente. Hasta aquí veía claramente a un señor crucificado y moribundo y una pareja desobediente. Es decir, violencia y castigo. Quedaba una ventanita por abrir que se nombraba poco en la misa: el amor de Dios. Yo lo hallaba en el momento en que rezaban en voz alta el «Padre nuestro». Allí estaba el Dios que me gustaba. Les ponía mucha atención a sus versos: me resultaban reconfortantes. Todo era hermoso en la oración:

> Padre nuestro, que estás en el cielo,
> santificado sea tu nombre;

venga a nosotros tu reino;
hágase tu voluntad en la tierra como en el cielo.
Danos hoy nuestro pan de cada día;
perdona nuestras ofensas
como también nosotros perdonamos a los que nos ofenden;
no nos dejes caer en la tentación
y líbranos del mal.

El Dios misericordioso lo hallaba aquí, en su voluntad infinita de perdón, en lo que anunciaba una doctrina de amor. Acaso la mayor revolución que trajo Cristo al mundo de su tiempo: el amor.

Seguí con fascinación la mañana cuando el padre Argüello relató la escena en la que el pueblo judío le implora a Jesús que fuese su rey, su mesías, para vencer en guerra a los romanos, y Jesús se molesta y les recuerda que su camino no es violento. Ya antes le había dicho a Pedro que colocara la otra mejilla si le pegaban. Aquí estaba el gran cambio traído por Jesús al mundo occidental: el amor, la paz, la no violencia. Ese que se expresa cuando salva a una adúltera de ser lapidada diciendo: «El que esté libre de pecado que tire la primera piedra», o el que se enuncia en una de sus sentencias más célebres: «Mi reino no es de este mundo» (dicho de otro modo: no puedo gobernar un reino que no es mío).

Mis perplejidades cesaban con explicaciones, pero muy pronto se presentaban otros enigmas a resolver. Recuerdo el enredo que padecí cuando me prepararon para la primera comunión y me dijeron que tenía que renunciar a Satanás, y la verdad es que yo no tenía idea de quién era ese señor. Tampoco entendía por qué nos iban a entregar un pancito redondo que era el cuerpo de Cristo. Mi intriga llegaba a cotas exasperantes: nos íbamos a comer a Cristo y luego el cura bebería su sangre. Aquellas escenas me resultaban muy violentas y cuando indagaba en ellas me decían que yo era un pecador, que mis antepasados le habían causado la muerte a Cristo y que ahora nos lo íbamos a comer en pedacitos de pan. Todo aquello ocurría, como les dije antes, en un lugar en penumbras, donde la gente se arrodillaba y pedía perdón. Era alucinante.

A veces me mareaba en el momento en que el padre Argüello levantaba el cáliz y los creyentes decían «por mi culpa, por mi culpa». ¿Pero de qué estaban hablando aquellas personas, entre las que se encontraban mis padres y me llevaban a mí, como si yo fuese un pecador también?

La primera relación que tuve con el misterio fue en este mundo crispado donde se adoraba a un hombre joven y moribundo, clavado en una cruz de madera, sangrante: el Dios de los cristianos. Tiempo después mi familia cambió de iglesia y comenzamos a asistir a la de la Virgen de Coromoto, también en El Paraíso. Un verdadero esperpento. Una iglesia grande, de mosaicos de colores y muchísima gente, donde todo aquel ambiente recatado y silencioso de la capilla del Colegio San Agustín se perdía. En verdad, la misa era un encuentro social donde íbamos a vernos y a saludarnos a la salida. En el fondo, a mí me aliviaba aquello porque la insistencia del cura en recordarnos nuestra condición de pecadores duraba poco y a la gente se le olvidaba ese espíritu de reprimenda, pero por otra parte se había acabado el misterio. Mis preguntas habían quedado en el aire para ser respondidas en otro tiempo, como en efecto ocurrió.

Vivíamos en una casa en El Paraíso que había sido construida en 1931. Una casa de arquitectura vasca con ribetes coloniales criollos que tenía en el fondo del jardín un árbol enorme; un ébano granadillo de grandes proporciones. Era el centro de la casa. Toda mi infancia giró alrededor del ébano, como lo llamábamos. Era mi tótem, mi árbol sagrado. Tres elementos más completaban aquel cuadro mítico: las plantas, los pájaros, dos fervores de mi madre que me enseñó a cultivar, y mi perro. Todos los mediodías mi madre y yo triturábamos el pan duro del día anterior y se lo colocábamos a los pájaros en unos parales de hierro coronados por un plato. De inmediato bajaban centenares de tordos, azulejos, canarios de tejado, arrendajos y muchos otros que mi madre me enseñaba a distinguir.

El árbol y los pájaros: dos símbolos príncipes. Cuando llegué a aquel paraíso el árbol ya era un gigante y los pájaros traían sus mensajes de otros mundos con puntualidad. Muchos años después, mudados de la quinta La Campana en el callejón Machado, supe que una mañana el viejo árbol se precipitó a tierra causando un estrépito tal que los nuevos habitantes de la casa creían que se trataba de un terremoto. Estaba viejo y el trabajo de las termitas lo había minado hasta derrotarlo. Me cuentan que los pájaros protestaron con sus graznidos más iracundos la caída del árbol, pero no había nada que hacer. Por suerte, un hijo de aquella mole gigantesca había crecido a su vera lentamente, ensombrecido por la presencia del padre, pero ahora no había sombra que le dificultara el crecimiento y el destino era frondoso: en pocos años ya se veía la estirpe del sustituto.

De aquellos años de mi primera infancia tengo la lejana memoria de un sueño recurrente: del árbol colgaba una cuerda de atar grandes buques, muy gruesa, que mi abuela había ordenado anudar allí para que nos sirviera de liana y pudiéramos columpiarnos como el badajo de una campana. El sueño partía de allí: me veía columpiarme cada vez más fuerte hasta que salía disparado hacia el cielo y de pronto me surgían alas y no me precipitaba al suelo sino que volaba y volaba, y pasaba por encima de los techos de tejas y seguía subiendo y subiendo. Era un pájaro azul que no conocía fronteras y me iba y me iba, hasta que trataba de regresar de mundos lejanísimos a mi casa y no conocía el camino de regreso. De pronto mi perro, Balín, que también era un pájaro enorme, se colocaba a mi lado y me hacía un guiño con el ojo como diciéndome «sígueme». Volvíamos a casa.

Balín era enemigo de los pájaros. Cuando los divisaba desde lejos emprendía la más frenética carrera buscando atrapar alguno. Jamás lo logró. No hay manera de atrapar al alma. La libertad es su signo. Yo era entonces un niño escoltado por un perro nervioso, pequeño y alegre; un niño que se subía al árbol de la vida, al generoso gigante de nombre masculino, el ébano, mientras su perro le ladraba desde abajo, incapacitado para ascender. Era el niño-pájaro que volaba por tierras incógnitas y volvía a casa guiado por el perro alado de mis sueños. El epicentro de aquel mundo inicial era el tótem ubicado justo en el fondo central del jardín: columna sobre la que giraba la lúdica de mis deseos.

Pero además del ébano granadillo había otro árbol: el pino de Navidad que mi madre adornaba con puntual dedicación. Presidía el salón de la casa y en el otro extremo, todos los años, orquestábamos un nacimiento temático. Siempre en un recodo estaba el pesebre con la Virgen y San José y la cuna vacía hasta el 25, cuando amanecía la figura mínima del niño Dios recién nacido. Unos años hicimos un mar de yeso, recordando las aguas que Moisés separó para que el pueblo judío escapara del faraón inclemente. Otro año el tema fue el desierto y trajimos arena de Playa Colorada, en oriente. Otro año fue romano y abundaron los soldaditos de plomo. Otro año hicimos un río de celofán, con sus puentes y caídas de agua. El olor de aquel salón lo llevo en la memoria tatuado con tinta indeleble. De noche, apagábamos las luces y solo dejábamos encendidas las del árbol de Navidad y las del nacimiento; entonces mi madre, yo y quien estuviera por allí, cantábamos aguinaldos. Amé la Navidad desde que tengo memoria de mí y hasta mi adolescencia, cuando aquellas escenas míticas llamaban menos mi atención que otras urgencias del cuerpo.

Todos los días, al salir de casa, al llegar a la universidad, mi atención se fija de inmediato en los árboles. Sus bellezas me imantan. No puedo dejar de verlos. Me acompañan desde mi infancia, me hipnotizan. Por supuesto, tengo mis favoritos: el samán, el jabillo, el caobo, el bucare, las palmas, los chaguaramos, las araucarias.

Sobre la fuerza simbólica del árbol, lo mejor que he leído es fruto de Robin Robertson, el notable analista junguiano, que afirma: «El tronco del árbol vive y crece en el mundo tal como lo conocemos (igual que todos nosotros). A partir de ese punto fijo, se extiende en las direcciones gemelas de la tierra y el cielo. Las raíces profundizan en la tierra, que simboliza la parte instintiva de toda vida. (Desconectados de nuestros instintos perecemos igual que un árbol sin raíces). Pero el árbol también necesita desarrollar ramas y hojas que asciendan hacia el cielo para absorber la energía del sol. Esta es la imagen perfecta de la necesidad humana de valores espirituales; sin una profunda y comprometida conexión con algo más grande que el ser humano, todos nos marchitamos y morimos» (Robertson, 2011: 189-190).

Aquellos fueron los años en que descubrí que había otro mundo debajo de las sábanas. Me metía debajo de ellas y no existía; tenía la fantasía de creer que mis padres y hermanas ignoraban dónde estaba. Me llamaban para seguirme el juego y yo permanecía callado, sonriendo. De tanto hacerlo, una tarde advertí que más allá del juego había un mundo silente abajo, con poca luz, donde el aire comenzaba a escasear al rato y había que salir, respirar, y sumergirse de nuevo. Debajo de las sábanas, sin ser visto, se abría un mundo mental de «sueños despierto» que en la superficie permanecía cerrado. La luz debajo de las sábanas era parecida a la de la capilla del Colegio San Agustín, pero era otra. El silencio era mayor, y comencé a hacer algo que me divirtió mucho: hablaba disparates, como si me expresara en una lengua inexistente, solo comprensible para mí. Me reía a carcajadas. Hacía sonidos guturales para oír el eco en mi pequeña cueva portátil. Donde había una cama con sábanas, había una cueva y yo podía meterme allí a morar por ratos, como un oso. Aquel mundo era mío y controlable: si quería que desapareciera, levantaba la sábana y el otro mundo entraba a raudales. Naturalmente, el descubrimiento no era menor. Ahora el niño-pájaro también podía quedarse quieto, bajo las sábanas, viendo cómo era el otro mundo, el oculto.

Dos hechos importantes para mi psique ocurrieron en aquellos años iniciales. Dos estremecimientos. Los llevo en la memoria tallados con fuego. Allí están y regresan a la superficie cuando menos lo espero. Los refiero en el orden en que sucedieron. Palpé la muerte el 29 de diciembre de 1965. Tenía seis años. El 25 de diciembre de aquel año el Niño Jesús cumplió mi petición epistolar y hallé al pie de mi cama su regalo: una pista de carritos, eléctrica. Desde ese mismo día estuve jugando con ella, en la terraza de mi casa. El 28 de diciembre el novio de Elisa mi hermana, Roberto Baptista, jugaba conmigo y los carritos en la pista. Él tenía veintitrés años y mi hermana dieciocho. Cayendo la tarde me dijo: «Me tengo que ir, seguimos mañana». Al día siguiente tuvo un accidente de aviación con tres amigos más en los canales de Río Chico. Todos estos amigos iban en un avioncito monomotor y la intrepidez opacó a la prudencia: cayeron en las aguas bajas de un canal. Hicieron un pasaje rasante y no pudieron alzar vuelo. Allí murieron todos. Entonces supe que la muerte era la ausencia, que si bien habíamos dejado los carritos dispuestos para la carrera de mañana, esta se suspendió para siempre.

Debe haberme causado una impresión muy grande la muerte de Roberto porque recuerdo la escena con una nitidez onírica. Estamos los dos en el piso colocando los carritos en sus rieles eléctricos y apretando el control para que corrieran. Competíamos, nos reíamos, jugábamos. El recuerdo es tan vívido que hasta los olores me vienen a la memoria. Muy cerca de la terraza estaba el jardín con su grama recién cortada. Los días siguientes en mi casa hubo una procesión de amigas y amigos de mi hermana que venían vestidos de negro a darle el pésame. No me llevaron a su funeral, era un niño, de modo que la muerte no fue para mí un cadáver sino una ausencia, alguien que había desaparecido. Un hombre joven que se había ido del mundo, que había caído del cielo sobre las aguas de un canal en Río Chico. No recuerdo que alguien me haya explicado qué había pasado. La muerte fue para mí silencio y misterio.

El otro hecho ocurrió el 29 de julio de 1967 a las 8 de la noche. Estábamos mi padre, mi madre, Carlos Luis Romero, un primo muy querido que falleció recientemente, y yo, de 8 años, viendo televisión cuando comenzó un sismo poderoso. Mi madre advirtió lo que pasaba y gritó: «¡Terremoto!», y salimos todos hacia el jardín a protegernos a la intemperie. Nos ubicamos entre la última rama del árbol y la casa, y rezamos un padrenuestro mientras mi madre imploraba «que no se caiga, que no se caiga». Se refería a la casa, que se sacudía como si fuera gelatina. Ante aquel poder de la naturaleza desatado como una furia, rezábamos en voz alta. No podíamos hacer otra cosa que implorar por el amparo de Dios y Dios nos oyó. La casa se sostuvo, aunque se agrietó mucho, varias tejas se vinieron abajo, una escalera auxiliar quedó inservible, pero no se cayó. Fue una extraordinaria lección en una edad temprana: nada era estable.

Las revelaciones de Antonio Machado y Bertrand Russell

Con la llegada de la adolescencia el mayor misterio que fue tomando mi vida fueron las muchachas. Bailar con ellas muy cerca, abrazados, en casas decoradas con luces estroboscópicas y una música que narraba historias de amor en inglés, comenzó a ser una experiencia arrebatadora. Estaba naciendo el amor, junto con la libertad. Mi abuela complaciente me regaló una pequeña motocicleta y todo El Paraíso fue literalmente mío. El mundo se amplió de una manera insospechada y ya las muchachas eran de todas partes de aquel rompecabezas de urbanizaciones tributarias de la avenida José Antonio Páez, el héroe de Las Queseras del Medio, denominación que me sorprendía siempre.

En aquellos años, además, teníamos una casa en Caraballeda, a orillas del hoyo 3 del campo de golf, y mis amigos tenían lanchas pequeñas, de modo que dos velocidades se abrieron paso en mi vida adolescente: la de las lanchas saltando sobre las olas y la de las motos en las calles cercanas a mi casa. Me gustaba sentir el viento de la velocidad en los oídos porque se hacía un silencio único. Todo lo que estaba alrededor desaparecía y solo escuchaba el sonido del viento y, además, me aislaba, me sustraía. Ahora que rememoro aquellas experiencias comprendo que fueron estados iniciales y balbuceantes de meditación. El mundo desaparecía y lo único que había era la velocidad y el viento. Muy pronto me percaté de que si la velocidad era extrema no servía para mis propósitos, pero si era muy baja tampoco. Di con la velocidad de crucero, la que era suficiente para sentir el viento en mis oídos, pero no tan vertiginosa como para exigir atención absoluta en el manejo. Comprendí lo que era el vértigo y la serenidad; el hallazgo no fue menor, por supuesto. La alta velocidad me colocaba en un trance urgente: templar mis reflejos para evadir los obstáculos del camino y crispar todo mi ser en función de ello no dejaba espacio para escuchar el sonido del viento; eso no era lo que quería.

También, en aquellos años de playa, experimenté el silencio bajo el agua: me gustaba flotar boca arriba viendo el cielo azul intenso, mientras los oídos quedaban sumergidos y no escuchaba nada del mundo exterior. Allí había otro mundo, uno de ruidos menores y con eco o el de los ruidos que yo mismo me provocaba: el carraspeo de la garganta, el chasquido de los dientes con la lengua. Luego, descubrí que podía cantar en esta situación de cuasi sumergimiento y me gustaba el tarareo. Allí estaba, al alcance de la mano, otro mundo: el interior, donde el único gobierno era mío, y mis diálogos con mis personajes imaginarios, con mis voces acompañantes. Con solo levantar la cabeza y erguirme aquel mundo desaparecía y volvía al de los otros, al de la gente. El agua, siempre el agua. ¿No viene todo de allí? ¿No crecemos en el vientre de nuestras madres en el líquido amniótico? ¿No nos sumergimos en agua para bautizarnos, para renacer? El mar y las piscinas eran mis espacios de meditación infantil, qué duda cabe.

Mi mundo exterior de aquellos años adolescentes comenzó a provocar ecos interiores en mí: estaba enamorado siempre. Cambiaba con frecuencia, no siempre por mi voluntad sino porque me dejaban de querer, me cambiaban por otro, pero yo también participaba de aquel carrusel de los enamorados, y seguía otros rastros, como perro a su presa. Mi madre me decía con picardía: «Tú lo que quieres es estar enamorado», y yo le respondía: «Tienes razón. ¿Hay algo mejor?». Le preguntaba y mi madre decía que no, que lo más hermoso de la vida era enamorarse. Estando así, quizás, fue como comencé a escribir poesía. Tenía doce años y me iba al fondo del jardín de mi casa con un cuaderno y un lápiz a escribir mis reflexiones. Más que poesía amorosa, escribía poesía filosófica adolescente. Estos textos los leyeron varias personas de la familia y, probablemente, mi profesora de francés, la señorita Tallaine, quien dio en el clavo y me abrió un universo: me regaló una *Antología poética* de Antonio Machado. La señorita Tallaine ya era entonces una anciana mínima, severa e inteligente. Era venezolano-francesa. No solo me entregaba al gran poeta-filósofo sino también a España, un país que ha ejercido una fascinación en mí, como casi ningún otro. Repito lo dicho por George Steiner: «El hallazgo de un libro puede cambiar una vida» (Adler, 2016: 85). Doy fe de ello.

En aquel volumen leí un poema que operó como una suerte de revelación. Me refiero a «Retrato», que aprendí de memoria y pasó a ser un texto iniciático que podía recitar como un mantra. Cito las estrofas que me tocaron y las comento:

> Hay en mis venas gotas de sangre jacobina,
> pero mi verso brota de manantial sereno;
> y, más que un hombre al uso que sabe su doctrina,
> soy, en el buen sentido de la palabra, bueno.

Allí dos vocablos tocaron a mi puerta: *sereno* y *bueno*. La serenidad, desconociendo totalmente entonces el taoísmo y el budismo, se venía imponiendo como el más alto anhelo de mi psique. No la felicidad, sino la serenidad, y esta atravesaba todo el poema de Machado. ¿Era el poeta un hombre sereno? ¿Lo soy yo? No lo creo, se trata de un desiderátum, de un proyecto de realización personal y de tono y manera de estar en el mundo. El otro vocablo, *bueno*, fue un timbre para mí: no quería ser un héroe, ni una estrella, quería ser un hombre bueno y, naturalmente, es imposible buscar ser bueno sin ser humilde, sin ser discreto. Sigamos con otras estrofas:

> Converso con el hombre que siempre va conmigo
> –quien habla solo espera hablar a Dios un día–;
> mi soliloquio es plática con este buen amigo
> que me enseñó el secreto de la filantropía.

Aquí la primera clave es la conversación con uno mismo, el reconocimiento de *la pluralidad en la personalidad*, de las voces interiores. No somos uno solo. Hay algo en nuestro interior que es alterno a lo que nosotros creemos que es nuestro núcleo de personalidad. El subconsciente, diría Freud; la voz interior, dirían los poetas; la mente, dirían los taoístas; la conciencia, dirían los cristianos. En cualquier caso, no somos unívocos, y así lo señala Machado. La otra clave de la estrofa es la *filantropía*. El amor por los demás, el ir hacia los otros, lo contrario de la misantropía. El filántropo se completa con el otro. Sigo:

> Y al cabo, nada os debo; debéisme cuanto he escrito.
> A mi trabajo acudo, con mi dinero pago
> el traje que me cubre y la mansión que habito,
> el pan que me alimenta y el lecho en donde yago.

La clave ahora es el vocablo *trabajo*. Desde niño me ha dominado el afán de trabajar. Me brinda una estructura y un centro que ninguna otra actividad logra darme. Trabajar es sembrar, cultivar y ver crecer el jardín gracias a nuestras labores. Además, es fuente de enorme placer. El trabajo es la pulga en casa de los budistas, y el centro absoluto de los taoístas, quienes señalan que cuando leemos entregados la voz del autor nos habla, literalmente nos habla. Eso es el trabajo: hacer lo que queremos hacer entregados plenamente, enajenados, embargados, experimentando una manifestación de la dicha. El *homo faber*, pues, el hombre que construye, el hombre que ama, en las antípodas del hombre que odia, del hombre que destruye. Como vemos, Machado también tocaba esta flauta para mí, dándole estructura y añadiendo un matiz importante: el que trabaja es libre, nada debe, está seguro de sí mismo sin hacer alarde de ello. Veamos la última estrofa del poema:

> Y cuando llegue el día del último viaje,
> y esté al partir la nave que nunca ha de tornar,
> me encontraréis a bordo, ligero de equipaje,
> casi desnudo, como los hijos de la mar.

La expresión príncipe aquí es *ligero de equipaje*. Tuvo y tiene tanta resonancia en mí la idea de la ligereza, la liviandad. En el fondo es todo un programa vital avenido a la austeridad, al desapego, a la carencia de deseos materiales, a la sencillez. La expresión «ligeros de equipaje» significa libres, sin pesos, sin fardos, sin anclas, listos para irnos a otro mundo, entregados sin resistencia a la muerte, a la voluntad divina.

Como vemos, *mademoiselle* Tallaine me había entregado una llave preciosa: en la poesía también podía haber filosofía, interioridad, no todo en la poesía era canto exterior, retruécanos y piel, también había entrañas y huesos. Estaba listo para seguir otras voces poéticas dirigidas a saciar mi sed. Llegarían.

En estos años de mi adolescencia volví al Colegio San Agustín, ya no como feligrés atónito de su capilla sino como alumno, pero la verdad es que en relación con lo de adentro no tengo nada que consignar. Fueron tres años de fútbol, motos, fiestas, dificultades con las Matemáticas y la Química y el comienzo de una fascinación por la Geografía, por los mapas, las coordenadas. No había Humanidades en este colegio y me fui al Liceo Los Arcos, del Opus Dei, en el extremo contrario de Caracas, en El Hatillo. Allí estuve mis años finales del bachillerato, experimentando la manera como esta organización religiosa vivía su fe. La exagerada atención a los pecados de la carne, al sexo, al cuerpo como ámbito a preservar de los impulsos del deseo, creaba un abismo entre los religiosos y yo. Sí comulgaba con el amor a la sabiduría que se respiraba en el liceo, eso sí me gustaba, allí me sentía a mis anchas. De hecho, nos asignaban un tutor al que podíamos consultar cuando quisiésemos y yo tuve la suerte de poder conversar regularmente con quien ya era un joven sabio: Rafael Tomás Caldera. Él me entregó a un autor que valoré mucho: Étienne Gilson. Su libro *El amor a la sabiduría* (1974) fue piedra de toque para mí. Allí estaba un camino: el conocimiento.

Recuerdo con nitidez una mañana en la que el profesor de Religión en el Liceo Los Arcos dijo que *Demian* (1919) y *El lobo estepario* (1927) de Hermann Hesse estaban prohibidos en el colegio. ¿Qué mejor recomendación que aquella? De inmediato me abalancé sobre estas novelas y seguí hacia *Siddhartha* (1922) y *El juego de abalorios* (1943). Fueron lecturas importantes. Tenía 15 años y sentí que en *Demian* se me decía algo a mí; algo similar aunque en menor medida percibí en *El lobo estepario*. Y con *Siddhartha* la identificación fue total. Fui aquel joven de la India que quería alcanzar la sabiduría. En su última novela, *El juego de abalorios*, hubo menos música para mis oídos, aunque esta era el epicentro, o la orquestación, más bien, para el sistema planetario creado por Hesse. Huelga decir que su obra es vastísima y ha recibido el favor de los lectores como muy pocos autores. Obviamente su obra es de aguas profundas, bucea en las profundidades de la psique. Se hace evidente que tuvo experiencias psicoanalíticas en la mitad de su vida que lo marcaron, le abrieron las puertas de otro mundo.

Imposible entender a Hesse sin las crisis psicológicas que padeció y que lo llevaron a estar interno en un centro psiquiátrico, sin mayores resultados. Lo que sí es obvio que influyó determinantemente en él fue analizarse con el doctor Joseph Lang, un discípulo de Jung, que aparece en *Demian*, donde la experiencia de la consulta se trabaja a fondo, acaso la primera novela donde se abordó esta práctica clínica abiertamente. Hesse fue otro después de las 72 sesiones con el doctor Lang. Algo se desanudó en su personalidad que le permitió seguir adelante. Para el muchacho que yo era entonces, aquella novela fue un punto de inflexión. Incluso no sé cuánta importancia tuvo en la formación de mi personalidad, pero sin duda incidió con énfasis. No tengo cómo agradecerle a aquel profesor de Religión la «recomendación» de la novela.

Sobre la cercanía de Hesse con Oriente no cabe la menor duda, incluso viajó a India, Indonesia, Penang, Singapur, Sumatra, Borneo y Birmania. En alguna de sus cartas afirmó: «Desde hace muchos años estoy convencido de que el espíritu europeo está en declive y necesita volver a sus fuentes asiáticas. Durante años he honrado a Buda y he leído literatura india desde mi más temprana juventud. Después me acerqué a Lao Tsé y a los demás chinos. El viaje a India fue tan solo un pequeño complemento e ilustración de estas ideas y estudios». Ahora cuando rememoro estos años de mi juventud, caigo en cuenta de que un autor que me importó muchísimo, como lo fue Hesse, se nutrió de Oriente y del psicoanálisis. Lo conocí muy temprano. ¿Habrá sido gratuito?

Al terminar el bachillerato concluyó mi relación con el deporte como practicante. No regresé a una cancha de fútbol. Es extraño porque en ellas estuve desde niño y hasta quinto año de bachillerato. Jugué siempre en los equipos de los colegios donde estudié, por lo general de mediocampista o de centro delantero y con resultados que hoy en día el primer sorprendido al recordarlos soy yo. Tampoco volví al montículo a lanzar pelotas hacia el plato, ni volví a la cancha de básquet. Lo único que practico, si me hallo enfrente de una mesa, es *ping-pong*. Todavía me consigo con viejos compañeros de estudios que recuerdan un gol olímpico que metí y se hizo célebre, y tengo la sensación de que están hablando de otra persona. ¿Por qué abandoné la práctica deportiva? No lo sé, pero no hay duda de que la disfrutaba mucho. ¿Se puede abandonar algo que nos gusta mucho? Sí, siempre y cuando haya algo que nos satisfaga más. Me introduje en el bosque de la imaginación y las ideas, del trabajo creador y el estudio, y olvidé el cuerpo en su faceta deportiva. El juego con el cuerpo se trasladó hacia otros espacios. La adultez me alejaba del cuerpo en su faceta lúdica y gimnástica y me acercaba a sus fruiciones interpersonales. Todavía salgo a caminar para darle trabajo al cuerpo, pero me aburre salvo que vaya por hermosas avenidas, repletas de gente, con árboles y muy soleadas. Terminó la adolescencia y el colegio, comenzó la universidad: cambios y más cambios. Me dejé el bigote y no me lo he cortado desde entonces. Adiós al fútbol.

En el último año de bachillerato cometí varios errores. El primero: no acepté la sugerencia de mi padre de que me fuera un año a Londres, quería entrar a la universidad de inmediato, me fascinaba la política y quería sumergirme en la que se cocinaba en la Universidad Católica Andrés Bello. El segundo error fue escoger estudiar Derecho, pero entonces no tenía dudas sobre ello, estaba convencido de que para mi formación de «hombre público» era lo mejor. No sospechaba siquiera que la política iba a dejar de interesarme notablemente (al igual que el Derecho), a partir del tercer año de la carrera, cuando la literatura fue tocando y tocando mi puerta.

Al salir de bachillerato tenía diecisiete años cumplidos, con esa edad comencé en la UCAB en octubre de 1976, cumplí dieciocho el 3 de enero de 1977. De inmediato ocurrieron dos hechos de capital importancia para mi formación. Una morena preciosa y el flaco que yo era nos enamoramos como si la muerte tocara el timbre urgida y no tuviésemos tiempo que perder. El otro hecho fue la amistad con el padre Luis María Olaso S.J., mi profesor de Introducción al Derecho y un humanista que me abrió la puerta de otra dimensión del cristianismo. Formé parte de los grupos que se iban con el padre Olaso a Mérida en Semana Santa, a San Javier del Valle, y bebí de una espiritualidad más cercana a mi espíritu, al margen de la satanización del cuerpo y de un conjunto de prohibiciones que hacían que la relación con la divinidad se diera en un ámbito amurallado, carente de horizontes. Olaso nos ofrecía otro camino: una espiritualidad que buscaba la nuez de la doctrina cristiana: el amor. Una espiritualidad que colocaba el acento en la humildad, no en la obediencia; que colocaba la otra mejilla para el ofensor, que buscaba la paz, el avenimiento.

Entonces conocí mejor el silencio. Alguna vez hicimos los *Ejercicios espirituales* de Ignacio de Loyola. Rezábamos mucho. Cantábamos. Tengo los mejores recuerdos de aquellos años de mi vida, entre los diecisiete y los diecinueve, los años del padre Olaso y mi novia morena, curvilínea, divertida, con quien Caracas se hizo una sola fiesta. Eran dos formas de acercamiento a la divinidad: por el camino de la Iglesia fraterna, descubriendo un universo de hermosa solidaridad, y por la vía del amor, del erotismo, de la pasión, del descubrimiento del cuerpo como instrumento divino. Pero todo pasa, y la experiencia del cristianismo jesuita moderno fue pasando al olvido, y también mi novia morena y yo nos cansamos el uno del otro.

El 3 de enero de 1977 recibí un regalo importante de un amigo de la infancia, compañero entrañable sin interrupciones desde que nacimos (vecinos) y hasta nuestros días: Gustavo Henrique

Machado. Me refiero a la *Historia de la filosofía occidental* de Bertrand Russell. Imposible un texto mejor que este para adentrarse en el mundo del pensamiento. Allí comenzó mi fascinación por Heráclito; la decidida antipatía que siento por el Platón de *República* y su pensamiento utópico, una semilla que ha generado no pocas catástrofes en la historia; el respeto que siento por Sócrates; la alegría que me sigue produciendo Aristóteles y su respetuosa observación de la realidad, sin pretensiones de cambiarla.

De la mano de Russell nació mi amistad con los escépticos y los estoicos. Los estoicos tocaron mi puerta con insistencia y me prepararon para la llegada, años después, del budismo. Las correspondencias entre el estoicismo y el budismo son evidentes. En particular en lo atinente a la aceptación de la realidad que nos ha tocado, de manera de poder vivir más cerca del bienestar que de la resistencia. No esperar nada de la vida es un camino propicio para recibir sus dones en abundancia. Amar lo que se tiene, desatendiendo el hambre del deseo, es un camino hacia la satisfacción y el optimismo, aunque parezca que este último no guarda relación con la aceptación de la realidad. Por lo contrario, cuando aceptamos lo que la vida nos da, hasta lo más nimio se torna en don y lo más simple en alegría. Imposible no recordar a San Francisco de Asís después de escribir estas líneas.

Gracias a Russell supe por primera vez acerca de un autor que luego me ocupó insistentemente: John Locke, así como también tuve la primera lectura acerca de las ideas de alguien que me ha repugnado con frecuencia: Rousseau. Allí conocí al acertado Hegel, al atormentado Nietzsche y al equivocado Marx, cuyas ideas (¿mal metabolizadas?) tantísimo daño le han causado a la humanidad. Todo esto siempre de la mano de Russell y su escritura limpia, irónica, concisa, brillante. De más está decir que a partir de aquella primera lectura me sumergí en toda su obra, incluso los libros que no tenía cómo entender. Si Antonio Machado me había acercado a la poesía filosófica, ahora Russell me entregaba un panorama completo a profundizar.

De aquella lectura formidable, a los dieciocho años, me quedó el eco de los descubrimientos de Heráclito. Un personaje contemporáneo de Buda (2500 a.C.) que decantó formulaciones similares: «No se puede pisar dos veces en el mismo río, porque las aguas nuevas siempre están fluyendo encima de ti». Todo cambia permanentemente, no hay nada sostenible en el tiempo. Dijo: «Nada es nunca, todo está haciéndose». También: «Nada es constante». Russell llama a esto «la doctrina del fluir perpetuo», que ciertamente es el aporte más conocido de Heráclito, pero no el único. Hay dos más, uno en conexión con el yin y el yang («Los hombres no saben cómo lo discorde está de acuerdo consigo. Es una armonía de tensiones opuestas, como el arco y la lira») y otro, vinculado con este, que apunta hacia la unidad que proclamaron Buda y Cristo («Parejas son las cosas enteras y las no enteras, lo unido y lo separado, lo armonioso y lo discorde. Lo uno está hecho de todas las cosas, y todas las cosas proceden de lo uno»). A lo largo de estas páginas seguiremos oyendo el eco de lo dicho por Heráclito: exacto contemporáneo de Buda, ambos antecesores de Jesús. Los tres levantando la bandera de la unidad, de lo uno.

Aquel libro del viejo Russell fue la puerta de entrada a la filosofía occidental, a los griegos, a los latinos, a Aristóteles y su *Política* y su *Poética*, pero también a su *Ética nicomáquea*, libro capital con el que interioricé la naturaleza de las virtudes y, sobre todo, la principal de todas: la prudencia. Seguida de las otras tres virtudes aristotélicas: templanza, coraje y justicia. A estas, siglos después sumó el cristianismo las tres virtudes teologales: fe, esperanza y caridad. A mí, desde entonces, se me hizo credo repetir las aristotélicas hacia mis adentros: prudencia, templanza, coraje y justicia. También de este libro capital me nutrí para la comprensión honda de la amistad, de su naturaleza polimórfica, de su importancia.

La poesía abre sus puertas:
Cadenas, Montejo, Liscano, Rojas Guardia, Eliot

FUERON MUCHAS LAS CLASES DE DERECHO PROCESAL, Civil o Pruebas que pasé leyendo poesía en las últimas filas del salón, mientras oía la voz del profesor como el radio encendido que escuchan las lavanderas. Fueron los años del descubrimiento de dos poetas de aguas profundas: Rafael Cadenas y Eugenio Montejo. Entonces, estábamos cerca de reconocernos los futuros integrantes del grupo Guaire (Luis Pérez Oramas, Leonardo Padrón, Nelson Rivera, Armando Coll), los que leíamos poesía en la UCAB, los que estuvimos entre 1980 y 1983 reunidos todas las semanas en la dinámica de un taller literario en el apartamento de mis padres, donde yo vivía; estábamos ya muy cerca de entrar casi todos al taller Calicanto de Antonia Palacios. Allí iba a conocer a Armando Rojas Guardia, otra vuelta de tuerca en el camino del espíritu. En estos mismos años mi padre me había enviado a conversar con su entrañable amigo de la juventud, ya que yo mostraba intereses literarios, Juan Liscano. Fueron los años, también, del deslumbramiento que me produjo la obra de T.S. Eliot.

En 1979, Rafael Cadenas era el autor de *Cantos iniciales* (1946), *Los cuadernos del destierro* (1960), *Derrota* (1963), *Falsas maniobras* (1966), *Intemperie* (1977) y *Memorial* (1977). El poeta que tocaba mi puerta era el que comienza con *Falsas maniobras*, el anterior me interesaba menos, desde la perspectiva interior que me afanaba ya entonces. Leía «Fracaso» una y otra vez y me parecía una suerte de oración. Una joya de introspección psicológica, de diálogo con el otro que convive en nosotros. Aquella lúcida revisión del fracaso como punto de inflexión en la vida me sigue pareciendo un aporte de gran calado psicológico sobre la naturaleza de la depresión. Ya para entonces Cadenas había metabolizado a varios autores occidentales que servían de puente con Oriente, pienso en Daisetz Teitaro Suzuki, en Alan Watts y, por supuesto, ya había abierto las páginas de Carl Gustav Jung, era evidente. Ya batallaba con la depresión, y se acodaba en el silencio, desaliñado, distraído, tocado por un fuego extraño que lo llevaba a instaurar largas pausas en sus conversaciones. Su poesía me decía que la vida psíquica era materia del poema, que la emergencia del misterio sumergido era sustancia poética, que los hechos de la psique eran el magma, eran los hechos, no los que parecían serlo. El misterio vivía en aquellas páginas de *Memorial*, algo latía en ellas, algo que no se encontraba fácilmente. Había algo más allá de lo evidente, algo oculto, algo que se encapsulaba en el enigma.

La poesía de Cadenas, para el muchacho que yo era entonces, fue una suerte de cielo abierto en medio de los nubarrones. Su verbo preciso, alérgico al barroco, que solo se articulaba para decir, para pronunciar algo de importancia, tocó mi psique profundamente. Recuerdo que hasta físicamente sentía que la lectura me acercaba a un borde donde se abría un universo vasto, inexplorado, incógnito. Su voz era otra voz, la de la conciencia. Me estremezco al recordar aquellas experiencias de lectura.

La poesía de Montejo que se me ofreció en aquel 1979 de tantas resonancias para mi espíritu fue la de un libro que me deslumbró: *Terredad* (1978). Me conmovía la belleza de su escritura, su elegancia, su melancolía, y me tocaba muy hondo su sentido cósmico: no estábamos solos en el mundo, formábamos parte de un mecanismo celeste, de una relojería de la actividad, de un orden. Los hombres, los pájaros, los árboles, todos integrábamos un cosmos, un alfabeto a descifrar en un tiempo infinito de repeticiones, de certezas operativas: el sol sale, se oculta; los pájaros cantan y anidan en los árboles; las parejas se aman; nos mudamos de ciudades, de países. Somos solares y lunares. Me seducía la búsqueda del orden que urgía a Montejo. Muy pronto conocí al poeta y advertí que en su enfática formalidad en el vestir, y su trato amable y sumamente cortés, se expresaba un anhelo de estructura, de corrección, de moderación, un aire que acercaba a Montejo a la estirpe de los príncipes. Al saber que su nombre era un pseudónimo también descifré otra zona de su personalidad. Se llamaba Eugenio Hernández Álvarez, pero escogió el hermosísimo apellido Montejo.

Si la poesía de Cadenas me señalaba que los hechos capitales ocurrían dentro de mí, la de Montejo apuntaba a que había un orden en el mundo del que formábamos parte, que había un cosmos, un *religare* entre nosotros y la divinidad. De hecho, en la única entrevista que sostuve con él para ser publicada, me dijo: «La poesía es la última religión que nos queda». Ya en *Terredad* está una creencia que Montejo continuará desarrollando en sus libros posteriores: la creencia griega en la metempsicosis, que no es exactamente la transmigración de las almas, pero sí el traspaso de características psíquicas que anidan en un cuerpo y pasan a otro, después de su muerte:

> Soy esta vida y la que queda,
> La que vendrá después en otros días,
> En otras vueltas de la tierra.

Esta idea irá tomando cuerpo en su obra al punto en que hablan varias voces familiares a través de Montejo, pero no solo la voz de un abuelo sino la de un nieto, lo que evidencia un sentido del tiempo circular y una perennidad de la estirpe. En verdad, la índole de Montejo es creyente. El escepticismo no le era ajeno, pero sus mejores poemas son los que decantan en la creencia, a veces monoteísta, a veces politeísta:

> Vuelve a tus dioses profundos,
> están intactos,
> están adentro con sus llamas velando,
> ningún soplo del tiempo los apaga.

> Los silenciosos dioses prácticos
> ocultos en la porosidad de las cosas.

Oscila Montejo entre el Dios exterior, que es verdad revelada, y el Dios interior en el que creen los budistas. A veces, también, es griego en su visión politeísta. En cualquier caso es un creyente confeso que no elude sus propias dudas:

> Creo en la duda agónica de Dios,
> es decir, creo que no creo,
> aunque de noche, solo,
> interrogo a las piedras,
> pero no soy ateo de nada
> salvo de la muerte.

La poesía de Montejo siguió creciendo con *Trópico absoluto* (1982) y *Alfabeto del mundo* (1986), ya después comenzó a repetirse. Las ideas e imágenes centrales habían sido dichas. Los poemas seguían siendo piezas redondas, impecablemente escritas, pero eran variaciones sobre el mismo tema. Esto suele sucederle frecuentemente al pintor que alcanza un punto culminante de su investigación y después la vida se le va en repetirse. A los poetas les ocurre menos, pero se encuentran casos.

La mesa redonda del comedor de Calicanto, la casa de Antonia Palacios, era el ámbito para la dinámica del taller literario que sostuvo la autora durante siete años ininterrumpidos. De aquellos años para mí, decanta la propia escritura de Antonia. Una poesía estrictamente interior, alimentada por la experiencia del insomnio, la soledad, las voces interiores, el dolor, la muerte. Una poesía de la interioridad, de la psique, sin la menor duda. De su narrativa lírica escrita hasta entonces, el libro que llamaba mi atención era *Textos del desalojo* (1978). Un libro nocturno, donde la insomne batalla con sus imágenes, sus voces interiores, desde su condición humanísima y solitaria, abandonada, íngrima en la vastedad de la noche, visitada por sus fantasmas, era una prolongación brumosa de su psique.

Alrededor de aquella mesa conocí a Armando Rojas Guardia, que ya era una voz respetadísima de nuestra poesía y ensayística. Un poeta que se había formado con los jesuitas y que había estudiado para sacerdote durante varios años, hasta que abandonó el proyecto de serlo. La densidad filosófica de Armando no la tenía nadie en aquella mesa. Su combinación era compleja: cristiano, abiertamente homosexual y con un sesgo izquierdista, vía Teología de la Liberación. Su poesía era imposible que pasara desatendida, pero no fue ella la que me ocupó entonces, sino su ensayo *El Dios de la intemperie* (1985). Un texto tallado en la órbita del cristianismo y la poesía mística, que valoraba la experiencia psicoanalítica y la psicopatología, que buscaba desentrañar la madeja del malestar del cristiano en el mundo contemporáneo, signado por las coordenadas del materialismo. Un texto doloroso, que buscaba deshacer el nudo que se había ido formando sobre la nuez del cristianismo. En *El Dios de la intemperie* esplende la lectura que Rojas Guardia hace de la cultura judeocristiana, una versión muy distinta a la que se fue oficializando en el tiempo, sobre la base de un pensamiento conservador. Un libro excepcional, sin la menor duda, que enriqueció la visión que yo tenía del cristianismo y me abrió a otras interpretaciones. Lo prologó Juan Liscano y lo publicó en su editorial de aquellos años: Mandorla.

Para este año de 1985 mi amistad con Liscano, que me llevaba 44 años, ya era profunda. Se había iniciado en 1979, cuando fui a visitarlo en su oficina de Monte Ávila Editores y simpatizamos a tal nivel que desde ese momento y hasta su muerte, en febrero de 2001, nos frecuentamos semanalmente, salvo los años 1999-2000, en que viví en Inglaterra, y los dos o tres meses al año en que Juan se iba a Playa Guacuco, en la isla de Margarita. En casa de mis padres estaban todos sus libros y el primero que leí fue *Los nuevos días* (1971), un poemario orientalista, influido notablemente por las lecturas de Jiddu Krishnamurti. Allí estaban cinco versos que me los repetía a mí mismo con frecuencia:

Debe haber algún lugar en nosotros mismos
donde cesa el combate de los contrarios

> y no se juega más a cara o cruz
> donde las cosas brillan con su propia lumbre
> y la mirada resplandece en el silencio...

El encuentro del yin y el yang de los taoístas, cultura a la que accedí después, ya se anunciaba en Liscano, sobre todo en su concepción erótica, recogida en un poemario único en el panorama de la poesía venezolana: *Cármenes* (1966); una obra luminosa, bellísima, donde el encuentro entre los cuerpos se celebra, se canta, y se le tiene como expresión divina. La ingrimitud del hombre se sacia en el encuentro del otro, ese otro que nos completa, conjunción trabajada por Liscano en el poema «Pareja sin historia». Dice:

> Se acarician. Se bastan.
> Están colmados por ellos mismos
> colmados por la sed sensual del otro.

Pero nuestro amigo no se saciaba con el poema, necesitaba articular el ensayo, género en el que alcanzaba momentos de sorprendente lucidez. Entre ellos hubo uno que fue central para mi búsqueda. Me refiero a *Espiritualidad y literatura: una relación tormentosa* (1976): un texto polémico, con afirmaciones tajantes, que preconizaba la desaparición de la literatura, inflamada de ego. Entonces, Liscano creía que la literatura solo se salvaría si volvía a hablar desde un centro espiritual, pero más adelante, en otro ensayo del libro, precisa más los contornos: «Las exigencias específicas de la literatura no corresponden a las de la realización espiritual. Mientras la literatura ahonda en la pluralidad, la espiritualidad anhela la unidad» (Liscano, 1976: 21). En verdad, no había dilema. Son universos temáticos distintos que a veces se tocan, pero en la literatura el lenguaje es el protagonista, mientras que para la espiritualidad el lenguaje es un vehículo, no el centro. La «relación tormentosa» se daba en Liscano, que vivía estos dilemas con una notable intensidad. No olvidemos que la primera inmersión temática que efectúa el joven Liscano es en el folklore, en la mitología, en la religión, en las tradiciones, y desde allí va creciendo de la mano de su vocación literaria. La mitología lo obsesionó toda su vida, así como el hecho religioso; de ambos universos fue un estudioso insistente. Lector de Krishnamurti y Jesús Rafael Guillent Pérez, de Rafael Cadenas y José Manuel Briceño Guerrero, también lo fue de un argentino enigmático, iniciado en el esoterismo y el hermetismo: H. A. Murena.

La indagación en lo oculto comenzó temprano en Liscano. A partir de su regreso de Europa, siendo un joven estudiante de bachillerato, se interesó fervorosamente en la cultura popular y los mitos; de aquí al interés religioso había un pequeño paso, que lo dio inmediatamente. Luego, la inmersión en las culturas esotéricas fue pronunciándose, así como en el estudio de los cátaros, y después en la espiritualidad oriental, especialmente en Krishnamurti, como apunté antes.

En lo que a mí atañe, los diálogos frecuentes con el poeta me fueron abriendo al mundo esotérico liscaniano. Muy pronto navegué hacia aguas más profundas solitario, incluso al margen de Liscano, a quien no le interesaban esas aguas por las que yo me aventuraba, pero no cabe la menor duda de que si alguien me entregó culturas y visiones del mundo extrañas entonces, ese fue el viejo Liscano, a quien quise entrañablemente y de quien escribí una biografía crítica, ya que en los últimos años de su vida tomaba posiciones de las que yo me sentía muy lejos.

Si bien mi amigo Juan era un erudito en esoterismo, gnosticismo y catarismo, ese conocimiento no se traducía en cambios personales que lo condujeran a una vida menos atormentada, más serena. En verdad, Liscano estaba dominado por un ideal romántico que anidó en su psique juvenil y no lo abandonó nunca. Tan es así, que él creía que en la realización erótica se resolvían sus contradicciones, cuando el amor erótico es una faceta más, muy importante, pero no la única. Sin embargo, colocaba todos los huevos en esa cesta y, naturalmente, se decepcionaba con frecuencia. Su desafío pasaba más por indagar en su psique que en la conjunción con otra, pero cómo contravenir un espíritu romántico que creció con esa creencia. Por lo demás, el caso de Liscano es el más común, es el más humano, incluso. Interiorizar la enseñanza orientalista que se esmera en batallar contra los espejismos del ego es una tarea titánica para un occidental, en quien el alimento del ego es tarea consustancial y principal de su cultura. ¿No es el deseo el motor de Occidente?

Volvamos unos años antes para no dejar cabos sueltos. En 1981, un amigo queridísimo, que no se vinculaba con estos temas que venimos tratando, Oswaldo Trejo, me dijo en un encuentro en la legendaria librería Suma de Sabana Grande: «Tienes que leer a Eliot», y me entregó la edición de Alianza Editorial de sus *Poesías reunidas 1909/1962*, traducidas por José María Valverde. Oswaldo tenía razón. Un inmenso poeta, acaso el más hondo del siglo XX, que trabajaba con mis temas, que me hablaba al oído. Me refiero especialmente al T.S. Eliot de *Cuatro cuartetos* (1943), su obra maestra, el punto donde converge toda su investigación vital.

Los versos iniciales del primer cuarteto, «Burnt Norton», son una teoría del tiempo circular. Luego, en el tercero, «The Dry Salvages», advertimos que Eliot ha bebido en las aguas de Krishna. Dice el maestro:

> El tiempo presente y el tiempo pasado
> están quizá presentes los dos en el tiempo futuro
> y el tiempo futuro contenido en el tiempo pasado.
> Si todo tiempo es eternamente presente
> todo tiempo es irredimible.

Más adelante, afirma algo que dijo antes en su obra teatral *Asesinato en la catedral* (1934), en boca del arzobispo de Canterbury, Tomás Becket, el asesinado: «La especie humana no puede soportar mucha realidad»:

> Anda, anda, anda, dijo el pájaro; la especie humana
> no puede soportar mucha realidad.
> El tiempo pasado y el tiempo futuro
> lo que podía haber sido y lo que ha sido
> apuntan a un solo fin, que está siempre presente.

Luego, el poeta avanza hacia un nirvana, una iluminación, estado que va definiendo por descarte y al que verbaliza así:

> pero rodeados
> por una gracia de sentido, una blanca luz quieta y
> móvil,

En el segundo cuarteto, «East Coker», se aventura con una ecuación común a todos los corpus espirituales del hombre, y sentencia:

> La única sabiduría que podemos esperar adquirir
> es la sabiduría de la humildad: la humildad es interminable.

Y si los dos versos anteriores están en una casa común, como dijimos antes, los siguientes penetran en la del taoísmo, abiertamente:

> Para llegar a lo que no sabes
>   tienes que ir por un camino que es el camino de la ignorancia.
> Para poseer lo que no posees
>   tienes que ir por el camino del desposeimiento.
> Para llegar a lo que no eres
>   tienes que ir por el camino en que no eres.
> Y lo que no sabes es lo único que sabes
> y lo que posees es lo que no posees
> y donde estás es donde no estás.

En «The Dry Salvages» el hombre es río y el mundo exterior mar, y la subida es la bajada. Dice que arrancamos la vida desde nuestra casa y que el fin de nuestro periplo será regresar a casa. Cuando leí los *Cuatro cuartetos* no había leído el *Tao Te King*, pero cuando lo hice, tiempo después, regresé a las páginas de Eliot a comprobar que anidaban allí, que el poeta había bebido allí, sin la menor duda. Pero también era evidente que el cristianismo insuflaba sus páginas, al igual que el espíritu de Krishna. Tiempo después, cuando leí los textos centrales del budismo comprendí que dos autores que estimaba sobremanera los habían frecuentado. Me refiero a Jorge Luis Borges y Emil Cioran. Más aún, lo que para los lectores occidentales en Cioran era un escándalo suicida, en verdad estaba sostenido por el desapego extremo del budismo. Su indiferencia no era nihilismo sino desapego budista; su falta de interés no era repudio sino ausencia de deseo. Si leemos a Cioran en clave budista vamos a tener a otro autor, completamente despojado del sentido trágico de la vida, tan caro al occidental.

Con Borges ocurre algo distinto. Es evidente que el cristianismo lo deja un tanto indiferente desde el punto de vista espiritual. No obstante, en el momento en que la muerte toca su puerta en su lecho de moribundo en Ginebra, reza el «Padre nuestro» en inglés, como se lo enseñó su abuela, según confidencia de su traductor al francés, Jean-Pierre Bernés, presente en el instante de su despedida. Pero el cristianismo para Borges no es un motivo de rechazo, por lo contrario, varias veces señaló que la Biblia era «una obra maestra de la literatura fantástica» y, además, es evidente que para la cultura occidental se trata de un texto de cabecera. Esto Borges no lo negaba, obviamente, pero no puede afirmarse que su obra es la de un creyente, aunque los temas del espíritu le eran cercanos desde la perspectiva filosófica, acaso la fuente más abundante de su obra literaria.

Por otra parte, en el libro sobre el budismo que escribió a cuatro manos con Alicia Jurado, *Qué es el budismo* (1977), no elude su simpatía por este cuerpo de creencias e ideas, por esta cultura. Le atribuye un hecho único: en nombre del budismo no se ha propiciado ninguna guerra. Es una cultura de paz, como ninguna otra si la juzgamos por esta medida bélica. Para Borges, como es natural, esto le otorga una estatura superior al budismo y, la verdad, a la única cultura espiritual que le dedicó un estudio fue esta. Afirma: «Hace dos mil quinientos años que la prédica de un príncipe menor de Nepal ha influido en incontables generaciones del Oriente; no se ha hecho culpable de una guerra y ha enseñado a los hombres la serenidad y la tolerancia» (Borges, 1997: 777). ¿No son este estado (la serenidad) y esta conducta (la tolerancia) los bienes más codiciados por el hombre que quiere vivir en paz?

Entre Jacques Lacan y Vicente Gerbasi

En 1981 tuve mi primera experiencia psicoanalítica. Tenía 22 años y una crisis vocacional: me interesaban muchísimo varias asignaturas del Derecho que no eran, precisamente, las más prometedoras económicamente. Filosofía del Derecho, Derecho Constitucional, Criminología y Derecho Administrativo eran mis predilectas, pero me era muy difícil concentrarme en el estudio de la mayoría restante, mientras la literatura me llamaba con su poderoso imán. Sentía un malestar. Además, tenía la sensación de que la relación con mis padres no estaba resuelta, que había nudos por deshacer, que habían facetas por comprender.

Un amigo mayor me dijo: «Intenta con el análisis, aquí tienes el teléfono de mi analista». La llamé. Una psicoanalista lacaniana y argentina (Graciela Brodsky). Estuve yendo un año entero tres veces por semana. Me acostaba en el diván a hablar hasta que no me quedaba nada más por verbalizar. Ella muy pocas veces dijo algo, pero cuando pronunció palabra lo hizo en momentos álgidos que necesitaba señalar: ya fuese un nudo, una repetición, un vínculo entre algo que acababa de decir y algo que dije en sesiones anteriores. Era puntual, casi muda, pero efectiva. Si alguna vez escuchamos decir que el habla sana, que el habla esclarece, pues quienes se tratan con analistas lacanianos saben que eso es verdad, lo que no quiere decir que la experiencia no sea dolorosa e iluminadora por partes iguales.

Verbalizar es descargar; es como lanzar la carga por la borda y a partir de allí seguir navegando con menos peso. Lo que no se dice, lo que se calla, potencia su peso de manera exponencial y te dificulta el trayecto. En aquel año intenso de exteriorizaciones de 45 minutos mis padres afloraron en el discurso. El orden de mi padre, su amor por lo correcto, por la ley, por la contención, por las formas, por el dominio de las emociones. Su fascinación por el Derecho Romano, asignatura que impartía en la Universidad Central de Venezuela; su afición por la lectura y sus años, también. Cuando nací mi padre tenía 42, de modo que, para los estereotipos de entonces, cuando llegué a la adolescencia mi padre ya era un hombre al borde de la ancianidad. Mi madre y sus miedos, su sordera, su amor por las plantas, los pájaros y los libros, su nula disposición a aventurarse por el mundo, a salir de casa (¿agorafobia?), sus malestares de salud: los cálculos en los riñones, la jaqueca, los dolores en las articulaciones. Pero también su alegría por lo nimio, por la consagración de las rutinas domésticas, por los niños.

Recuerdo que hablando de ellos hablaba de mí, de mi ubicación en la constelación familiar, y se iban iluminando zonas oscuras, hechos que necesitaban ser verbalizados para disminuir en importancia o para descubrir que no eran tan insignificantes como creíamos. Entonces, yo padecía de quistes sebáceos que, a veces, se reventaban solos; otras veces no, y había que operarlos, eran intervenciones ambulatorias sin peligro alguno. Cuando un quiste crecía y se infectaba el dolor que provocaba era agudo, era una molestia localizada y amenazante, hasta que el bisturí intervenía y el alivio era inmediato. Salía la materia indeseable y se distendía la zona y desaparecía el dolor. ¿No era igual con los nudos no verbalizados? Exactamente igual: decías lo nunca dicho y salía de la psique una materia tóxica que necesitaba expulsarse y al escucharse ir, tan solo en el instante de escucharse verbalizarla, el alivio era enorme, empezando porque en el segundo en que la pronuncias adviertes que no tenía ni la décima parte de importancia que le atribuías. Se había abultado, como un quiste, sin la densidad que suponías tenía. No era piedra, era grasa.

Pero, naturalmente, no se puede ir por el mundo diciendo lo que nos pasa por la mente, salvo que seamos orates, y considerados como tales. Para eso está el diván, o el confesionario en la iglesia, pero en este se sentencian tus actos y se les atribuye una pena, mientras que el psicoanalista no ejerce poderes morales, no forma parte de su tarea sancionar, sino comprender. La relación que se da entre analista y analizado es única: se sustenta en el secreto y en la absoluta libertad del analizado, incluso en aquello que en el mundo ajeno al recinto del análisis podría ser considerado como irresponsable. No obstante el valor que tuvo para mí esta experiencia, la psicoanalista argentina lacaniana no interpretó mis sueños, esa experiencia la tuve muchos años después, como veremos luego.

Después de un esfuerzo ingente me gradúo de abogado en 1983. Para entonces ya me había casado con Guadalupe Burelli Briceño, el 26 de noviembre de 1982. Fue un gran alivio graduarme: todavía sueño que voy a presentar un examen de una materia ardua que no voy a poder superar. Estuve al borde de cometer la locura de abandonar los estudios. Guadalupe, mi madre y mi compañera de estudios Mary Courtois influyeron mucho para que los terminara e hice el esfuerzo y culminé. De no haberlo hecho mi vida se habría precipitado por zonas más inciertas, sin duda. Tengo muchos ejemplos cercanos de personas que no culminan sus estudios y llevan esa falencia como una espina en el corazón. Ocurre con estas personas que desarrollan una aversión al mundo académico, infantil e histérica, incluso. En vez de respetar lo que no alcanzaron, lo odian, lo minimizan y, si pueden, lo ignoran. Esa espina no se clavó en mi corazón, felizmente.

Este año 1983 fue en el que publiqué mi primer poemario: *Balizaje* (1983), poesía conversacional, exteriorista, tejida en la dinámica de taller del Grupo Guaire. Entre 1980 y 1984 trabajé en la Galería de Arte Nacional en su departamento de ediciones. Fueron años dichosos. El solo hecho de ir a diario a aquel recinto sagrado diseñado por Carlos Raúl Villanueva, en contacto con la belleza plástica, era una bendición de Dios. El grupo de amigos del trabajo, entre quienes estaba Guadalupe, era un conjunto de felicidad relacional, de humor, de compañerismo, solo interrumpido por la dinámica grupal del poder, por las pequeñas miserias del ego en función de ejercer su dominio.

Trabajé en la GAN con José Balza y con Francisco Da Antonio. Ambos fueron maestros para mí. Francisco contribuyó mucho con mi amor por la lengua. Me corregía los textos hasta la minucia, como debe ser, y afianzó en mí el fervor por la palabra. Con José elaboré una lista de 100 libros que un hombre culto debía leer. Está guardada entre mis papeles y al cabo de 36 años de haberla elaborado, veo con alegría que casi todos los he leído. De Balza son muchas las lecciones que pueden obtenerse. Su sola personalidad es una: preciso, pulcro, amable, sonriente, atento. Hace poco se incorporó a la Academia Venezolana de la Lengua. Fue una gran alegría acompañarlo.

De la GAN me fui a la revista *Imagen* (1985), a su jefatura de redacción, a escribir reseñas y a hacer entrevistas: otra etapa luminosa. El director de la revista era Juan Calzadilla, que padecía de una sordera aguda al igual que mi madre, de modo que yo me sentía con él como si estuviera en casa, rodeado de malentendidos graciosos y del esfuerzo de hablar en voz alta para ser comprendido. En la casa en la urbanización Las Mercedes donde quedaba la revista también estaba la *Revista Nacional de Cultura*, dirigida por Vicente Gerbasi. Entonces, el viejo poeta y yo nos hicimos amigos y su poesía fue una nueva vuelta de tuerca en mi ubicación en el cosmos. Me refiero, claro está, a *Mi padre el inmigrante* (1945) y *Los espacios cálidos* (1952). Sobre todo en este último, donde el asombro del niño que descubre el mundo es el de quien devela el mecanismo del cosmos, las noticias de la pluralidad.

Varias veces por semana le quitaba quince minutos o media hora al trabajo para bajar a conversar con Gerbasi. Desde niño me gusta mucho escuchar a los mayores que tienen algo que decir; hay otros que no, pero no era el caso de don Vicente. Simpatía, gratitud con la vida, alegría, humor, toda esta corriente positiva emanaba del poeta. De hecho, de su poesía me queda (entre otras prendas) una ofrenda extraña en el universo de la lírica: la gratitud, la celebración de lo hermoso, la exaltación de una infancia feliz, radicalmente feliz, fundamento permanente de salud y bienestar en el adulto:

> Te amo, infancia, te amo
> porque te recuerdo a cada instante,

en el comienzo del día y en la caída de la noche,
en el sabor del pan,
en el juego de los hijos,
en las horas duras de mis pasos,
en la lejanía de mi madre
que está hecha a tu imagen y semejanza
en la proximidad de mis huesos.

La obra de Gerbasi fue una puerta abierta y un desafío: se podía escribir sobre la felicidad y la alegría, no toda poesía estaba cocinada en el fuego del dolor: *rara avis*. La naturaleza también podía ser un espacio para la indagación interior, teniéndosele como espejo, como gramática correlativa de la interioridad. Con Gerbasi también tocamos de cerca la belleza de lo verbalizado y la forma de pronunciarlo. Además, no había contradicción alguna entre aquel hombre bueno con quien conversábamos casi a diario y su obra, no se producía el cortocircuito tan frecuente que hallábamos en otros poetas: excelsas obras y pésimas personas, poemas redondos y egos enfermos, inflados hasta reventar, pletóricos de mezquindad y envidia. En Gerbasi no, algo cercano a la santidad rodeaba su vida y su presencia. Lo conocí ya viejo, ignoro si el niño interior que le brotaba por los poros se había mantenido así toda su vida de adulto o si era un logro extraordinario de la vejez. Pareciera, por testimonios recibidos, que siempre conservó al niño interior a flor de piel. Ha debido ser así. Había mucho de mago y de santo en Vicente Gerbasi. Hijo de inmigrante italiano, pero venezolano hasta los huesos porque su imaginario se formó en Canoabo, a la vera de los árboles y las matas de café.

Pasé de la revista *Imagen* al Banco Central de Venezuela y allí estuve entre 1987 y 1989 como asistente en el Departamento de Información, que dirigía mi amigo Emilio Pacheco-Soublette. En 1985 nació Eugenia y en 1987 Cristóbal. Mi condición cambió radicalmente. Pasé de ser el hijo de mis padres a esposo de Guadalupe, y muy pronto a padre de dos niños. No fue fácil. Repito un lugar común incómodo: ser padre completa la experiencia de vida, no serlo es como si hubiese quedado una tarea de la especie pendiente, como si una exigencia psicológica no hubiese tenido lugar. Por supuesto, la experiencia de la paternidad no es garantía de crecimiento, puede serse padre sin que psicológicamente ello represente una oportunidad de crecimiento. Quien se deja poseer por el arquetipo del padre sufre y disfruta a fondo de su situación. ¿Se deja de ser padre cuando los hijos son adultos? No, pero sin duda el arquetipo aminora su exigencia con la adultez de los hijos, y todavía más cuando nos hacen abuelos.

El trabajo del abuelo en la orquesta de la familia es otro, tan reciente para mí que apenas puedo pensar en los cambios que me ha traído. Tan solo apunto que la relación padre-hijo está, querámoslo o no, imantada por una tensión particular, esta tensión desaparece en la relación abuelo-nieto y, sin embargo, el amor es tanto o más poderoso que el que se siente por los hijos. La falta de tensión libera el vínculo entre abuelo-nieto y deja un espacio más vasto para el juego, para la alegría. La relación, al no estar urgida por la responsabilidad acuciante, se distiende, se hace liviana, le crecen alas. La naturaleza les tiene reservado un regalo a los viejos y otro a los niños, es como si los extremos de la vida se tocaran y se amaran intensamente: los que se preparan para irse y los que acaban de llegar se dan la mano.

En 1987 tocó mi puerta una poesía de la nocturnidad, de las zonas más profundas de la psique como creo que no ha habido otra en nuestra historia poética. Me refiero al poemario de Hanni Ossott *El reino donde la noche se abre* (1985). No he de destacar su escritura especialmente porque, si bien no es descocida, tampoco es el centro de sus poemas. La nuez está en lo que dice, en la experiencia delirante que procesa, en la nocturnidad con la que batalla. La sustancia de estos poemas es la marea de la psique, las imágenes que la asaltan en sueños, en la vigilia, durante el insomnio. Es poesía psicológica, si es que cabe el adjetivo. Es discurso que se pregunta quién soy, de dónde vengo, cuál es mi destino, discurso de la incomodidad en el mundo, del desarreglo, de la búsqueda de un sosiego esquivo e imposible, al parecer. Es poesía del dolor, del sacudimiento, del malestar, de la locura, de la luna. Intento de verbalización de un drama interior sin que el propósito literario fuese dramático, ya que a Hanni Ossott, en este trance de su vida, le importaba menos la literatura que su propia y personalísima catarsis. La entrevisté para la revista *Imagen* con motivo de la salida de este libro y respondió lacónica a una de mis preguntas: «No me siento cómoda en el mundo». Era evidente. En buena medida escribía para responder una pregunta: ¿por qué yo, por qué a mí?

El contraste entre Gerbasi y Ossott no puede ser mayor y, sin embargo, la poesía de ambos es deslumbrante. Naturalmente, por motivos diametralmente opuestos. Uno registra el encantamiento infantil ante la mecánica celeste, alzando la copa celebratoria, y trabajando el lenguaje en su sentido musical, lírico, logrando imágenes de conmovedora belleza, y la otra indaga, en el fondo del pozo de la psique, acerca de las tormentas de su sombra, como urgida por la interpelación, sin poder atender el llamado de las exigencias estéticas del poema. Ambas obras todavía hacen eco en mí, decantándose con el paso del tiempo.

Curiosamente, Hanni Ossott, inmersa en el río subterráneo de su psique, era entonces la esposa de un gran historiador que había consagrado su vida al estudio del pasado en una de sus facetas más epidérmicas: la política. Me refiero a mi entrañable amigo y maestro Manuel Caballero, acerca de quien todavía tengo el impulso de llamarlo por teléfono para escuchar su especialísima manera de contestarlo: «Usted dirá». No podían ser más diferentes y, por otra parte, era evidente que se amaban con fervor, por más que los rigores domésticos de la cotidianidad los crisparan con frecuencia.

Gandhi: un personaje central entra en escena

Recuerdo con nitidez el día en que vi la película *Gandhi*, de Richard Attenborough, con la interpretación inolvidable de Ben Kingsley, en 1982. La cinta me produjo un movimiento interior importante. De inmediato me abalancé sobre el personaje. Lo primero que leí fue su *Autobiografía. La historia de mis experimentos con la verdad* y luego la biografía de George Woodcock. De entrada, el personaje ponía sobre la mesa un hecho incontrovertible: se podía hacer política sin sacrificar un ápice de tus creencias religiosas. Más aún, se podía ser extremista en la manera de vivir la espiritualidad y adelantar un programa político de liberación nacional.

Me interesó indagar en las consecuencias políticas de una postura religiosa y luego desentrañar al ser humano: ¿cómo se formó? ¿Cómo se fue tallando hasta llegar a ser quien fue? Por supuesto, buena parte de la respuesta está en la tradición espiritual milenaria de la India, y Gandhi fue una suerte de puente entre aquel mundo y el presente de su tiempo, la primera mitad del siglo XX. La filosofía de la no-violencia, la de la desobediencia civil, siguen siendo piezas importantes en la política de nuestros días. No incurro en exagerar el papel de Gandhi en la independencia de la India. Me explico: sin duda fue un factor esencial, único, excepcional, pero en 1947 las colonias de las potencias europeas en el mundo seguían en proceso de autonomizarse. No era algo que los británicos no hubiesen contemplado entre sus posibilidades. Si después de la Primera Guerra Mundial comenzó el proceso de los nacionalismos que condujeron a la creación de muchos Estados, después de la Segunda Guerra Mundial ya estamos en otra vuelta de tuerca: el mundo bipolar, la Guerra Fría entre los Estados Unidos y la Unión Soviética. El papel de Gran Bretaña, Francia, Alemania e Italia se había reducido ostensiblemente en el mundo. Era muy poco probable que Gran Bretaña insistiera en mantener su colonia más grande, la joya de la Corona: India. De modo que el papel político de Gandhi fue importante, pero más que esa faceta de su vida, más decisiva es la otra, la de su personalidad, sus prácticas, sus ideas, al menos para lo que estas líneas reflexivas pretenden. No olvido que desde que regresó en 1914 a India, las posturas de Gandhi fueron socavando las bases del Imperio británico en el subcontinente y su creciente autoridad lo llevó a encabezar una larga marcha hacia la independencia, pero nada de esto pudo hacerlo si no hubiese sido por la correspondencia entre sus ideas, su ética, y los hechos políticos que encabezaba. Basta la célebre «Marcha de la Sal» para comprender lo que digo.

Para entender al personaje hay que apelar a su biografía, y en este sentido tenemos que los primeros 19 años los vivió en India, perteneciendo a una familia principal, con recursos económicos y políticos, en Pordanbar, actualmente el distrito de Gujarat. De hecho, su padre, Karamchand Gandhi, fue primer ministro de Pordanbar. Esa primera etapa va de su nacimiento, el 2 de octubre de 1869, a su ida a Inglaterra a estudiar Derecho, en 1888, en el University College de Londres. En las islas británicas estará hasta 1891, cuando regresa como abogado a India. Estará en su país dos años, constatando que las influencias políticas de su familia se han debilitado y entonces decide irse a Sudáfrica en 1893, en busca de trabajo como abogado. Allá estará 20 años, defendiendo a los indios judicialmente y experimentando en carne propia la discriminación y la humillación. Fue su etapa de grandes cambios psicológicos y de asunción de lo espiritual como eje de su vida, en todos los aspectos. Regresó a India en 1914 y allí estará hasta el día en que fue asesinado por un fundamentalista el 30 de enero de 1948. Esta será la etapa de grandes realizaciones, la etapa que lo hizo grande (eso significa Mahatma: «alma grande») y dejó de ser Mohandas Karamchand Gandhi para ser Mahatma Gandhi, de acuerdo con la designación que de él hizo el gran escritor indio Rabindranath Tagore. Fue asesinado a los 78 años, con una vida plenamente cumplida.

El párrafo anterior nos recuerda la enorme importancia que tuvieron en su vida los 20 años que pasó en Sudáfrica. Cuando regresa a India ya sus ideas han decantado y cristalizado y comienza su gesta social, siempre basada en su transformación personal. La lectura recurrente del *Bhagavad-gita* y del libro *El reino de Dios está en nosotros* de Tosltoi fue tallando el corpus de sus ideas. Igualmente, el ensayo de Henry David Thoreau *La desobediencia civil* nutrió su instrumental. Como vemos, tanto el anarquismo cristiano de Tolstoi como la obra de Thoreau se sumaron a la propia cultura jainista que había anidado en la psique de Gandhi desde su infancia.

El acercamiento a Gandhi fue un punto de inflexión en mi visión política del mundo. Como en una suerte de tragedia griega, Gandhi condujo a su pueblo hacia la liberación de una potencia imperial, pero al hacerlo estaba abriendo la caja de Pandora y él mismo fue víctima del demonio fundamentalista, acaso el más letal de la vida social, que lo mandó al otro mundo con unos disparos. Se cumplía su sino, su destino. Ya era un héroe. Las ideas políticas prácticas de Gandhi para la organización del nuevo Estado indio no eran prometedoras, debido a que estos temas no eran su especialidad, y los conocía poco, y de hecho él mismo no quería detentar el poder porque no se sentía llamado para la tarea. Su aporte fue otro: la correspondencia entre las creencias y la vida. Entre los valores más destacables de su doctrina, la austeridad ocupa un lugar primordial.

Estremece ver la fotografía donde luce su atuendo de trapos, casi desnudo, con que se presentó a la audiencia con el rey Jorge V de Gran Bretaña. Era indoblegable. Su doctrina de amor también lo era: la no violencia era de verdad. Convirtió los ayunos en una medida de presión política formidable. Jamás violó la ley que se autoestableció de no hablar un día a la semana, los lunes. Si necesitaba comunicarse lo escribía en una pizarra pequeñita. No dejaba de hacer sus actividades en el *ashram*, pero no hablaba. Algunos creerán que esto es baladí, pero no lo es. Hacer silencio es muy importante en todos los sentidos. Al igual que la soledad es indispensable para la salud mental. Por supuesto, ni la soledad absoluta ni la mudez total son recomendables para nadie. Lo ideal es entrar y salir varias veces al día. Al menos esa es mi experiencia. La interrelación personal (asistir o dar clases, conversar) es indispensable para el desarrollo de la personalidad, tanto como quedarse solo y en silencio. Este equilibrio es esencial para la ecología de la psique. Al menos esto es lo que yo observo en las personalidades armónicas, donde hablar y escuchar forman llave en dosis similares. Cuando vemos un extremo, hay un desequilibrio. Pues Gandhi con su ayuno de palabras los lunes, siendo una personalidad modélica para los indios, les estaba diciendo que lo emularan, que buscaran el equilibrio de sus personalidades.

Fue entonces Gandhi el primer ser humano que hizo visible, para el joven de 23 años que yo era en aquel momento, que era posible entregarse a la vida política del mundo y no abandonar la dimensión espiritual, interior, de la personalidad. Todo un ejemplo.

La clave del taoísmo

AUNQUE HABÍA LEÍDO EL *TAO TE KING* ANTES, mi inmersión en el universo taoísta ocurrió en 1987. Hasta ese entonces mis poemarios habían sido todos exterioristas y conversacionales (*Balizaje*, 1983; *Terrenos*, 1985; *Almacén*, 1988). A partir de mis lecturas taoístas se abrió un camino recogido en *Litoral* (1991), un libro en su ofrenda; así como el poema largo siguiente, *Pesadumbre en Bridgetown* (1992), está escrito en clave eliotiana, en homenaje al poeta.

La inmersión ocurrió por varias vías, por la del *Tao Te King*, el *Tratado de Lao Tsé sobre la respuesta del Tao*, el *Hua Hu Ching* de Lao Tsé, las enseñanzas del *Chuang-Tzú* y los trabajos de Eva Wong, Thomas Cleary y Ángel Cappelletti sobre el tema. Las traducciones del *Tao Te King* y el *Chuang-Tzú* que leí son las del sinólogo Carmelo Elorduy, S.J., una verdadera autoridad sobre la materia, además de que son textos vertidos del chino, directamente.

Presumiblemente, Lao Tsé vivió durante el siglo VI antes de la era cristiana en China, pero el taoísmo no puede considerarse obra exclusiva suya. Fue en el clima cultural de la China de entonces, y sobre todo en contradicción con el confucionismo, que el taoísmo creció, no exento de persecuciones. La coincidencia no podemos dejar de anotarla: Buda, Lao Tsé y Heráclito viven en el mismo siglo y no pocas de sus proposiciones coinciden. India, China y Grecia serán sus ámbitos. Entre las dos primeras culturas hubo relaciones, pero la tercera era completamente ajena.

No es fácil resumir lo que deja el taoísmo en mi combinatoria personal, pero no cabe la menor duda de que se trata de un cuerpo de ideas y creencias con el que simpatizo profundamente y sin dificultad alguna. Parto por señalar que el taoísmo es una llamada de atención a lo que la naturaleza puede brindarnos como mapa de aprendizaje. La observación de la naturaleza y el respeto a su curso, a su devenir consustancial, lejos del ideal platónico, es una fuente de riquezas asombrosa. Además, para un occidental, se trata de una versión a contravía de lo que hemos aprendido, y lo más sorprendente de esto es que la observación de la naturaleza por parte de la cultura taoísta es tan evidente en sus consecuencias que estremece pensar que se hubiese podido leer de otra manera. Veamos algunos ejemplos para darme a entender. Recordemos que el *Tao Te King* está compuesto por 81 textos y que la traducción exacta es *Libro del camino y la virtud*. Voy a utilizar la traducción de Carmelo Elorduy, S.J., antes mencionada; comencemos por el número 22:

> Lo encorvado se endereza, lo torcido se rectifica, lo hueco se llena, lo viejo se renueva, lo poco se logra, mientras que lo numeroso se embrolla.
>
> Por eso el sabio, que se abraza a la unidad, es la regla del mundo. Luce, porque no aparece, brilla, porque no se estima. Hace su obra, porque no se empeña. Crece, porque no se cuida. Nadie le disputa nada, porque él con nadie disputa (Elorduy, 2007: 65).

No abriguemos ninguna duda sobre el destino de lo hueco: llenarse, pero sí tenemos dudas sobre el enderezamiento de lo torcido. No vemos que esta conducta esté en la naturaleza. Puede ocurrir, pero no es inexorable. De modo que nos parece más una construcción cultural del taoísmo que una observación basada en el devenir de la naturaleza. Sí es cierto que lo numeroso tiende a embrollarse y lo simple no, y esto sí parece confirmarse en la naturaleza. Las ideas paradojales del texto son luminosas, eso sí; la advertencia de que algo luce porque no aparece es notable, lo mismo que se brilla porque no se estima. Son paradojas que pueden hallarse en el curso de los hechos naturales. En relación con lo hueco, citemos un fragmento del texto 11, donde se lee:

> Con arcilla se fabrican las vasijas, pero en ellas lo útil es la nada (de su oquedad) (Elorduy, 2007: 41).

Más adelante, en el número 23, Lao Tsé sentencia:

> Hablar poco y seguir la naturaleza (Elorduy, 2007: 67).

Todo un programa de vida en seis palabras. Luego, es seguido por el texto 24, donde se hace un elogio de la moderación y el equilibrio, formidable. Se afirma:

> El que se levanta de puntillas no se sostiene. El que da pasos demasiado largos no puede andar. El que aparece no luce. El que se estima no brilla. El que se empeña fracasa. El que mucho se cuida no crece (Elorduy, 2007: 24).

Como vemos, el trasfondo de estas ideas es el de respetar el curso natural de las cosas. No es necesario violentarlas, parece decirnos Lao Tsé. Si vas a brillar no será porque te estimes, sino porque hagas lo contrario; si vas a tener éxito no será por tu empeño, sino porque hiciste lo que tenías que hacer para tenerlo. Si vas a lucir no será porque te muestres sino porque no te vean. Por supuesto, nada fáciles de metabolizar para la mentalidad occidental estos preceptos. Por cierto, no olvidemos que la autoría total de los 81 textos del *Tao Te King* no son todos atribuibles a Lao Tsé, la crítica moderna es unánime al señalar que es una obra colectiva que recoge textos anónimos también, fruto del magma de la cultura taoísta. Bien puede tenerse a Lao Tsé como alguien en quien cristaliza una tradición, una cultura, pero no al autor exclusivo de los textos. En el número 28 viene otro esquema vital de riqueza incalculable. Se lee:

> Tener conciencia de ser varón y comportarse como hembra es ser arroyo del mundo. Ser arroyo del mundo es no estar apartado de la *Virtud eterna*, es volver a ser niño de pecho (Elorduy, 2007: 77).

En este fragmento se expresa la idea de la unidad, la del yin y el yang, la idea de que los contrarios que viven en nosotros pueden y deben hacerse uno, y que el alcance de la plenitud en la unidad nos devuelve a la infancia. La imagen del «arroyo del mundo» es de una belleza poética sublime, por lo demás. En el texto 33 se aborda un asunto tocado por Buda, también, y muchos años después por Sócrates: la conquista de sí mismo como tarea superior. Se lee:

> Sabio es el que conoce a los demás. Iluminado es el que se conoce a sí mismo. El que vence a los otros tiene fuerza, pero el que se vence a sí es el fuerte. Rico es el que sabe contentarse. Hombre de voluntad el que avanza esforzadamente (Elorduy, 2007: 87).

También está aquí una idea que muchos años después le fue atribuida a Tomás de Aquino: «No es más rico el que más tiene, sino el que menos necesita». Digo atribuida porque no la he hallado entre sus textos, pero se aviene naturalmente con sus ideas. Más adelante, en el fragmento 63 se formula un principio que bien podría haber sido escrito por Guillermo de Ockham, muchos años después. Se lee:

> Abordar lo difícil, por su parte más fácil; hacer lo grande, comenzando por lo pequeño (Elorduy, 2007: 151).

Luego, ya casi al final del libro, en el número 76, leemos con atención:

> El hombre vivo es blando, y muerto es duro y rígido.
>
> Las plantas vivas son flexibles y tiernas, y muertas son duras y secas.
>
> La dureza y la rigidez son cualidades de la muerte. La flexibilidad y la blandura son cualidades de la vida.
>
> De aquí que las armas, que son duras, no puedan vencer y que el árbol robusto termina siendo repartido entre todos.
>
> Lo duro, pues, es inferior y lo blando superior (Elorduy, 2007: 179).

Dos textos después, en el 78, es coronado lo anterior. Dice:

Nada hay en el mundo más blando que el agua, pero nada hay que la supere contra lo duro. A ella nada hay que la altere.
Lo flexible vence a lo duro, y lo blando vence a lo fuerte. En el mundo nadie conoce esto y nadie lo practica (Elorduy, 2007: 183).

El elogio de la blandura y la denostación de lo rígido es una verdadera joya, a contracorriente de la cultura occidental y, por lo demás, sumamente convincente. Basta ver los trabajos del agua sobre las rocas para constatar lo afirmado. En la trastienda de estas ideas late la noción de lo no evidente y lo engañoso de lo «evidente». ¿Quién puede decir frente a una roca y un arroyo que el segundo se impondrá sobre la primera? De modo que en esto también esplende un llamado de atención sobre lo aparente.

La anécdota acerca de cómo Lao Tsé entregó el *Tao Te King* emblematiza su posición en el mundo. No sabemos si es cierta, pero, como dicen en Italia, *se non è vero, è ben trovato*, ya que lo retrata de cuerpo entero. Lao Tsé se vio obligado a irse de donde estaba por razones políticas y cruzó la frontera hacia otros destinos. Lo detuvo el guardia de frontera y le preguntó por los papeles que llevaba consigo, Lao Tsé le dijo que no tenían ninguna importancia y se los regaló. Era el *Tao Te King*, que se salvó gracias a la sensibilidad del guardia, que los entregó en las manos providenciales.

En el *Hua Hu King* atribuido a Lao Tsé, de acuerdo con la tradición oral, se leen 81 meditaciones taoístas, conocidas hace muy pocos años, en 1976, cuando el maestro Ni Hua-Ching salió de China y las hizo escritura. En ellas se hace mucho énfasis en que la esencia del Tao es la unidad, que toda división es contraria a su espíritu, que todo es uno. En verdad, estos textos glosan el *Tao Te King* y lo explican, si se quiere, pero no añaden nada nuevo en relación con el texto clásico. Cuidado, no estoy diciendo que no tienen valor y que no vale la pena leerlos.

En lo personal, el taoísmo terminó de convencerme de que la pretensión de dominio de la naturaleza por parte del hombre es un exabrupto. El hombre puede y debe servirse de la naturaleza con absoluto respeto, siguiendo su curso, aprendiendo de ella, amándola. Cualquier otra relación que se establezca con ella la violenta y nos violenta. Por otra parte, la inmersión taoísta me acercó todavía más a Aristóteles en su minuciosa observación de la naturaleza, en su empeño por entender sus mecanismos, su funcionamiento, y en su respeto por sus designios. Me alejó, todavía más, del Platón que proponía un ideal al que los hechos, y la naturaleza, debían someterse gracias a las tareas del hombre. Simpatizo con el antititanismo del taoísmo y me alejo de su contrario platónico: la voluntad de sometimiento, la fascinación por el poder autoritario. Me inclino ante la mansedumbre que supone observar y entender la mecánica de la naturaleza para servirse, respetuosamente, de sus aportes, más en asociación con ella que en articulación de un dominio.

El taoísmo goza de una virtud enorme: su humildad verdadera, su respeto. Su lectura de la naturaleza no es utilitaria, ni conservacionista, sino inspirada por la humildad del que observa y escucha para entender y aprender lo que los fenómenos tienen de pedagógicos. El taoísmo observa y espera, no sentencia y procede. El taoísmo ve la unidad donde otros ven la ruptura; en este sentido es la némesis del diablo y su tarea divisionista, separatista. El taoísmo sabe que oponerse y resistirse es engancharse en un círculo vicioso del que no se sale ileso. En esto coincide con Buda y con Cristo: la violencia no se acaba con violencia sino con aceptación. «La otra mejilla», que tan ardua nos ha sido de metabolizar como enseñanza a los occidentales, históricamente proclives a la venganza.

La división que anota el taoísmo como causa de todos los males es obra del ego, aunque no lo señale en los términos en que poco tiempo después lo hará Buda. No obstante, es imposible no hallar en el taoísmo centros temáticos budistas como el del ego y el apego, ya señalados por esta cultura china. No advierto en el taoísmo la compasión budista (distinta de la misericordia cristiana), esta se debe haber formado como concepto después. Finalmente, no puedo negar que el taoísmo me sedujo poderosamente, y creo haber incorporado a mi instrumental algo de su respeto por la naturaleza y al intento eficiente de leerla sin prejuicios. En mi poesía el taoísmo se hizo presente contemporáneamente con Eliot, como si el viejo poeta anglosajón y Lao Tsé se dieran la mano en un parque de Londres, se reconocieran, y siguieran cada uno su camino.

Imposible olvidar que el principio del yin y el yang es taoísta, que la fusión de ambos elementos en uno solo es la totalidad. Imposible olvidar que la unidad, que todo es uno, es un principio taoísta esencial. Fue por estos principios, por cierto, que el taoísmo se hizo intolerable para la China que había asumido el confucionismo como religión de Estado, con furia ortodoxa, cerca de 100 a. C. No admitían nada distinto a Confucio y mucho menos un universo de creencias como el taoísmo, que postulaba que todo era uno, cuando la afirmación típica del poder en ejercicio es el señalamiento del otro, del enemigo. La fuerza revolucionaria del taoísmo sigue intacta: desmontar el espejismo de las diferencias es como colocar una bomba atómica en los palacios del poder, donde se vive precisamente de las diferencias.

Por otra parte, este principio de la unidad, como veremos repetidas veces, es postulado por el hinduismo, por Buda y Cristo, y por casi todos los universos de creencias existentes. ¿Fue el taoísmo el primero en postularlo? No podemos afirmarlo, pero sin duda es de las trazas más antiguas que tenemos a mano. La influencia, la hibridación entre taoísmo y budismo es evidente, y se encuentran trabajos que estudian el proceso de mestizaje a fondo. Incluso, un estudio fascinante rastrea en Jung el taoísmo y biografía al personaje desde esta perspectiva (*El Tao de Jung* de David H. Rosen). Más aún, sería verdaderamente fascinante seguir el rastro del taoísmo en buena parte de las formulaciones filosóficas del mundo occidental y de la poesía (en Eliot ya señalamos esa evidencia), ya que sospechamos que es bastante mayor que lo advertido hasta ahora.

Uno de los aspectos más luminosos que puede dejarnos la enseñanza taoísta es el de la paradoja: flor difícil de aceptar para el voluntarismo occidental, que nos enseña exactamente lo contrario. La idea de que lo logrado se alcanza cuando no se le busca con denuedo, pero que se trabaja sin cesar para ello, es algo sorprendente para muchos. Volvamos a la primera cita que tomamos:

> Por eso el sabio, que se abraza a la unidad, es la regla del mundo. Luce, porque no aparece; brilla, porque no se estima. Hace su obra, porque no se empeña. Crece, porque no se cuida. Nadie le disputa nada, porque él con nadie disputa (Elorduy, 2007: 65).

«Luce, porque no aparece; brilla, porque no se estima». ¿Cómo puede lucir alguien que no se deja ver?, se pregunta cualquier niño en una escuela en Occidente. Y la respuesta es esta: luce porque no se ve, precisamente. ¿Cómo puede brillar alguien que no se estima? ¿No se nos enseña que la autoestima es la base de una personalidad sana, capaz de desempeñar las tareas que la vida le exige? Sí, pero el taoísmo nos dice que la estimación excesiva, el ego, lejos de ayudar al desempeño del trabajo, es un obstáculo que lo dificulta. Este pensamiento paradojal, que para la educación occidental es indigerible, en verdad encierra verdades proclamadas por la única encarnación divina aceptada por el catolicismo: Cristo. Si seguimos su vida y su conducta con cuidado, hallaremos exactamente esta misma actitud porque, en verdad, si seguimos la vida de Cristo con la lupa del que busca los entuertos del ego, hallaremos que toda ella es un libelo contra él, contra la infinidad de calamidades que siembra el ego en ejercicio.

Veamos ahora el *Hua Hu Ching* de Lao Tsé que, en muchos sentidos, es una caja de resonancia del *Tao Te King*. Recordemos que los 81 textos de este libro llegaron a nosotros por tradición oral y les son atribuidos a Lao Tsé, igualmente. En el primer texto se lee:

> Mis enseñanzas son simples; si intentas hacer
> de ellas una religión o ciencia, estas te eludirán (Lao Tsé, 2005: 15).

No olvidemos que el contexto donde se va tejiendo el taoísmo está dominado por el confucionismo, y el taoísmo viene a ser una suerte de anarquismo frente a la ortodoxia. De allí su alergia a cualquier forma de encasillamiento formal. En el segundo texto se lee:

> La primera práctica es la de la virtud indiscriminada:
> cuida a aquellos que lo merecen; también, y de igual modo,
> cuida a los que no lo merecen (Lao Tsé, 2005: 16).

Esto es similar a lo afirmado por Cristo en cuanto a que el bien se hace sin reparar en quien lo recibe. En el fondo, no se hace por quien lo recibe sino porque hacerlo es lo importante. Luego, en el tercer texto se sigue:

> La aceptación es la verdadera esencia del Tao.
>
> Aceptarlo todo también significa apartarse de cualquier
> concepto de separación: hombre y mujer, yo y otro,
> vida y muerte.
> La división es contraria a la naturaleza del Tao.
>
> Renunciando al antagonismo y a la separación se entra en la unidad
> armoniosa de todas las cosas (Lao Tsé, 2005: 17).

Clarísimo: el Tao es la unidad, toda operación que divida, separe y discrimine es inaceptable para el taoísmo, de allí que invite a aceptarlo todo, hasta las desgracias. Esa unidad que se proclama y se advierte en la naturaleza es la que lleva a afirmar que lo Otro y el Yo pueden ser lo mismo:

> El carácter de tu existencia viene determinado por las energías con
> las que te conectas (Lao Tsé, 2005: 57).

Más adelante se da otra vuelta de tuerca sobre este tema, cuando se afirma que «lo que haces es lo que eres»:

> Esta es la verdad profunda y simple:
> eres el dueño de tu vida y de tu muerte.
> Lo que haces es lo que eres (Lao Tsé, 2005: 70).

El texto 51 es de una gran belleza, es un código de conducta, similar a los que el budismo elaboró con tanta precisión. De hecho, no debe ser gratuito que el budismo anidara con tanta facilidad en China y no en India. Una de las causas ha debido ser que el taoísmo le había hecho el camino. Dicho de otra manera, lo que afirmaba el Buda era familiar para los oídos taoístas, no para los confucionistas, que eran su némesis. Son muchas las correspondencias, las analogías entre budismo y taoísmo, como pueden verse en los dos textos que siguen:

Quienes quieran conocer la verdad del universo
deben practicar las cuatro virtudes cardinales:

La primera es la reverencia por toda vida…
La segunda es la sinceridad natural…
La tercera es la mansedumbre…
La cuarta es la actitud de ayuda…

Las cuatro virtudes no constituyen un dogma externo,
sino que forman parte de tu naturaleza original.

Cuando se practican, originan la sabiduría y evocan las cinco bendiciones: salud, riqueza, felicidad, longevidad y paz (Lao Tsé, 2005: 89).

En el texto 70 se lee:

Los hilos de la pasión y del deseo tejen una
red a tu alrededor que te aprisiona.
Los enfrentamientos con el mundo te hacen
rígido e inflexible.
Tenaz es la trampa de la dualidad.
Atado, rígido y atrapado no puedes tener la
experiencia de la liberación (Lao Tsé, 2005: 126).

Como vemos, son muchas las perlas que nos deja el taoísmo. Apenas hemos señalado el respeto al curso de la naturaleza y la lectura de ella como maestra de vida; la unidad en la conjunción del yin y el yang; el pensamiento paradojal, si es que así podemos llamarlo, y, también, el ego como fuerza destructora. No es poco. Son todos asuntos centrales de la condición humana. Sobre la muerte también tiene el taoísmo tela cortada, pero el budismo tibetano fue en mi caso personal más abundante e iluminador. Vayamos hacia allá.

El budismo ilumina el bosque. El *Dhammapada*

REGRESÉ A TRABAJAR EN LA GALERÍA DE ARTE NACIONAL por seis meses en 1989, como subdirector, cuando el director era Luis Miguel La Corte, de allí pasé a la dirección general de Monte Ávila Editores, por designación del entonces ministro de la Cultura, José Antonio Abreu. En aquellos años tenía que ir con mucha frecuencia al Teatro Teresa Carreño a presentarle cuentas al ministro, y en una de esas visitas, en 1990, me topé en el pasillo con una amiga que me dijo: «Tienes que conocer a Yajaira para que converses con ella». Me tomó del brazo y me llevó a su oficina en el mismo teatro. Nos saludamos y quedamos en vernos muy pronto. Así fue.

En la primera sesión Yajaira Rendón se quitó el anillo y trazó un círculo con un lápiz en un papel y comenzó a girar el anillo por los contornos del círculo. De inmediato, con amable serenidad comenzó a decirme lo que su maestro me mandaba a decir. Yo preguntaba y el maestro respondía, ella oía, se reía a veces con lo que le decía el maestro al oído y repetía para mí. Esta dinámica se ha repetido decenas de veces durante muchos años. Jamás Yajaira ha aceptado que le pague por sus servicios, dice que si ella acepta dinero pierde su canalización con el maestro. Hace 28 años Yajaira era una mujer delgada, sigue siéndolo, con una piel dorada y el centro magnético ubicado en los ojos. Son grandes, grises y como si una tormenta de arena estuviese ocurriendo cerca de la pupila. Nunca he sentido en ella una energía distinta a la compasión, al amor, al afecto más hondo. Con los años los rasgos de su fisonomía se han ido acentuando y esencializándose. Es magra y respetuosa, en algunos de sus dedos se manifiesta la artrosis y la sonrisa sigue ampliándose. Una mujer tejida por la divinidad.

Yo me entregué a estas sesiones sin prejuicio alguno, si dejaba que funcionara solo mi faceta racional, pues me levantaba de la mesa y se acababa la experiencia. Me la perdía. No puedo revelar todo lo que me ha dicho el maestro porque si lo hago se deshace, lo descapitalizo, lo entrego. Hago lo contrario de lo dicho en el diván lacaniano: me lo guardo porque no es un quiste, es un tesoro. Tan solo revelo que en estas canalizaciones la sabiduría del maestro lleva a que nos repregunte con mucha frecuencia. La mayoría de sus respuestas son repreguntas dirigidas a que nosotros mismos nos demos la respuesta a lo que estamos preguntando, siempre en el espíritu del sentido común y de la intuición. Muchas veces el maestro me señalaba que ya yo había visto la respuesta antes en el ámbito de la intuición, como una vaga sospecha, quizá en sueños. No tengo cómo agradecerle a Yajaira su ayuda. Es una mujer excepcional. Amorosa, firme, recoleta, humilde hasta hacerse imperceptible. La flor discreta de un cactus en medio del desierto.

En estos años también me aventuré con lectores del tarot, astrólogos y con el *I Ching* que tanto seducía a Carl Gustav Jung. Con lectores del tarot mi experiencia no fue favorable, pero con la astrología sí, con la carta astral y las revoluciones solares. La caracterización del Capricornio que soy ha sido exacta en cada consulta con todos los astrólogos que he pulsado. En esto no hay variaciones. En la interpretación de la carta sí, y ello depende de la inteligencia lectora de quien la interpreta. He tenido suerte porque he buscado los astrólogos mejor considerados en Venezuela. Gente que se toma su trabajo con gran seriedad, que ha estudiado a fondo y es responsable. Lo que me han dicho ha sido útil, sin la menor duda, y esclarecedor en muchos casos, pero no me obsesiono con esto, ni creo que la vida es una fatalidad inmodificable. Tenemos tendencias que pueden ser modificadas. No creo que lo trazado en el mapa celeste sea un *fatum* irremediable para la fuerza de la voluntad. Lo importante está en aprender a estar atentos a lo que se nos dice por caminos distintos a la razón, por caminos intuitivos, por unos caminos que existen, están allí abiertos, y no sabemos cómo funcionan, ni cómo son, pero es inútil negarlos porque están allí y los tenemos enfrente de nosotros todos los días. Perdemos el lugar al que pueden llevarnos estos caminos si los negamos (como si Alicia no hubiese seguido al conejo), y nos enriquecemos siguiéndolos, siempre que no se nos conviertan en obsesiones que nos lleven a perder el equilibrio.

Estuve al frente de Monte Ávila Editores entre 1989 y 1994 y la responsabilidad me llevaba a viajar en exceso, hasta 12 viajes al año asistiendo a ferias del libro. Al principio novedad, al final hastío. A mi formación exigua de editor en la revista *Imagen* y el BCV se sumaba ahora un desafío: la empresa editorial del Estado venezolano, todo un emblema en Latinoamérica dados sus logros en sus años iniciales (1968-1978). Me la entregaban en una profunda crisis que puede expresarse con un solo ejemplo: había perdido los derechos de autor de la obra de Rómulo Gallegos por falta de pago a sus herederos. Un drama.

Tuve apoyo para traer a tres expertos editoriales españoles en 1990. Trajimos a Caracas a la legendaria agente editorial Carmen Balcells, al fundador de Alianza Editorial y el diario *El País*, José Ortega Spottorno, hijo de José Ortega y Gasset, y a Enrique Folch, de la editorial Paidós. Los tres se sentaron una semana cada uno conmigo y mi equipo en Monte Ávila y nos enseñaron, generosamente, la mayor parte de las aristas del negocio editorial. No tengo cómo agradecer lo que aprendimos con ellos. Huelga señalar que los tres eran figuras de primer orden en el mundo editorial de habla hispana. Como vemos, estaba inmerso en el trabajo gerencial a tiempo completo, pero quedaba espacio para otras experiencias.

Dirigí entonces un taller de poesía del que emergió una nueva generación de poetas que formó un grupo: Eclepsidra, que luego se concretó en una editorial que lleva el mismo nombre. Cometí el error de aceptarle al presidente Rafael Caldera la dirección general del Conac y allí estuve entre marzo de 1994 y junio de 1995. La dura experiencia en el Conac no se la atribuyo a Caldera, que tuvo la deferencia de designarme, ni a mis compañeros de directorio, sino a la entramada institución que me tocaba administrar y que me dejó exhausto, entre burocracia, intereses, zancadillas y demás complicaciones. Salí escaldado, listo para abrir otras puertas, para continuar la búsqueda. Eso hice. Me fui a trabajar con Luis Castro Leiva y Ernesto Mayz Vallenilla en el IDEA (Instituto de Estudios Avanzados) y mi vida cambió 180 grados. Tenía una oficina con vista a los valles de Turgua, con un enorme jabillo al lado de la ventana, al que sacudía el viento y parecía una catedral encendida por un coro multitudinario. Una maravilla que me inspiraba y me llevaba a retomar mi centro, perdido entre papeles, audiencias, actos públicos y directorios. También acepté integrar la junta directiva de la Biblioteca Nacional, por invitación de su presidenta Virginia Betancourt Valverde, y la de la Fundación Kuai Mare, por invitación de su presidenta Luna Benítez. Ambas experiencias fueron naturales y estimulantes. Lo que se hacía en ambas instituciones me incumbía plenamente.

Una poeta amiga e iniciada en el budismo tibetano, Alicia Torres (1960), me dijo: «Lee *El libro tibetano de la vida y de la muerte*, de Sogyal Rimpoché». Esta sugerencia la atendí de inmediato. Una noticia sobre mi padre, a quien yo simplemente adoraba, me dejó herido: tenía cáncer pulmonar. En 1991, mi madre había comenzado un proceso de arterioesclerosis senil, a los 72 años, y cuando tuvimos el diagnóstico un psiquiatra amigo, el doctor Fernando Rísquez, me dijo: «Si no separan a tu padre de tu madre, internándola a ella en un geriátrico, él se va a enfermar también». Hablé con mi padre y me dijo que por sobre su cadáver él abandonaba a Anita en un geriátrico. Tal y como advirtió el gran psicoanalista, mi padre «hizo un cáncer» a los 78 años y falleció a los 79, sobrevivió un año y unos meses desde que se le presentó la metástasis. Justo cuando recibí la noticia de su enfermedad por parte de los oncólogos, había comenzado a leer el libro de Sogyal Rimpoché, cuyos pasajes más significativos son los relativos a la muerte. Qué casualidad.

Este libro fue mi puerta de entrada a una de las muchas ramas del budismo tibetano y, felizmente, fue la puerta correcta porque el volumen es un resumen de un Rimpoché tibetano que vive en Occidente, que conoce a fondo este lado del mundo y que escribe el libro para nosotros. En este sentido es un texto de cultura comparada sobre dos hechos centrales en nuestras vidas: cómo entendemos la muerte, cómo funciona la mente. En estos dos núcleos de la vida, el budismo tibetano tiene mucho que decir, no en balde desde los inicios de la singularidad de esta rama del budismo se han concentrado sus cultores en investigar estas dos columnas.

Sobre la muerte, el budismo tibetano que representa Sogyal Rimpoché cree en la reencarnación de la conciencia, no de un ente que se muda de cuerpo en cuerpo, sino en la continuidad de una conciencia que se prolonga en muchas vidas. En cuanto a la mente, al comprender su naturaleza se llega a la verdad y el miedo a la muerte desaparece por completo. La mente será una pulga inquieta que salta de un punto a otro hasta que, gracias a la meditación, entra en casa y se calma, se asienta, decanta, se apacigua. Estos son los postulados.

El otro aspecto sobre el que trabaja insistentemente el autor es el de la no permanencia de todo en la vida, el cambio incesante. Abunda en pruebas acerca de cómo el cambio es incesante y la fuente de dolor y angustia del hombre se halla en su resistencia al cambio, en el apego, en querer que todo siga igual. Demuestra que es contrario a la naturaleza lo estable, que la esencia de la naturaleza es el cambio y que, sin embargo, el hombre de Occidente no quiere que nada cambie, y quiere que todo sea permanente y seguro. Heráclito y Buda se dan la mano.

De los párrafos anteriores se desprende que si llegamos a entender la muerte de otra manera, si comprendemos la naturaleza viajera de la mente y si aceptamos que nada permanece, podríamos iniciar el camino de la iluminación que ofrece el budismo. Recordemos que Buda no dijo que se trataba de un ser divino sino que era un ser humano cualquiera que había alcanzado la iluminación, de modo que todos podemos llegar a ella. No hay verdad revelada en el budismo, hay indagación interior, hay mirada hacia adentro, meditación y una concepción de la vida distinta a la que ha prosperado en Occidente.

La compasión, distinta a la misericordia cristiana, es la otra flor que me dejó aquella primera lectura reveladora. En este aspecto, como en los anteriores, el budismo tibetano es un cataclismo para la cultura occidental: la niega, la contradice, vuelve trizas los valores que se han ido asentando en la cultura de masas, en la creencia de la mayoría.

Insisto en recordarles que al hablar de budismo tibetano estoy incurriendo en una simplificación, ya que son varios los matices que hay entre las distintas ramas que tomó el budismo en el Tíbet. De hecho, la que conozco y de la que hablo es la encabezada por el Dalai Lama, de quien he leído muchos de sus libros de enseñanzas y de entrevistas. Y debo decir que hallo en ellos sabiduría, siempre en concordancia con este formidable crisol que es *El libro tibetano de la vida y de la muerte* (1994). Este título, por cierto, la última vez que indagué llevaba más de 2 millones de ejemplares vendidos y había sido traducido a 30 lenguas, todo un acontecimiento cultural.

De Sogyal Rimpoché también creo deben leerse *Destellos de sabiduría* (1996) y *El futuro del budismo* (2004). En este último se lee: «Nuestro mayor problema, sin duda alguna, es la manera en que olvidamos. Olvidar es no saber, y no saber es ignorancia. En un momento descubrimos algo demoledor y nos sentimos increíblemente inspirados, y al momento siguiente, con la distracción, el ego y el samsara, ese algo ha desaparecido» (Rimpoché, 2004: 35). El samsara es el mundo en que vivimos, el tráfago de la vida diaria, cada día más intenso, en medio de una sociedad ultrainformada. Cuando Sogyal Rimpoché escribió esto no existía Twitter, ni Instagram, ni las redes que seguirán llegando, haciéndonos una suerte de antenas hiperinformadas y aturdidas. Por ello, paradójicamente, a mayor avance de las tecnologías de la información mayor la necesidad de llevar «la pulga a casa», de apaciguar la mente para que pueda ver mejor, para que el sosiego no se torne en un ámbito desconocido o imposible de alcanzar.

Dos libros del Dalai Lama (Tenzin Gyatso) alegraron mi espíritu. Me refiero a *El arte de la felicidad* (1999) y *El arte de vivir en el nuevo milenio* (2000). Los de diálogos del Dalai Lama con psiquiatras, psicólogos, científicos, coordinados por Daniel Goleman, son extremadamente interesantes. La ciencia occidental llega por otros caminos a similares conclusiones que han decantado en el budismo tibetano sobre la mente y su naturaleza. Me refiero a *La salud emocional* (1997) y *Emociones destructivas* (2003). No cito otros que he leído, pero que me parecen menores en relación con estos. Concluyo con uno que me parece una joya, *El buen corazón. Una perspectiva budista de las enseñanzas de Jesús* (1998), fruto de las intervenciones del Dalai Lama en el Seminario John Main, organizado por la Comunidad Mundial para la Meditación Cristiana en la Universidad de Middlesex, en Londres. Seguir la lectura que hace el Dalai Lama sobre pasajes clásicos del Evangelio es una verdadera delicia, por decir lo menos. Las coincidencias que halla entre una cultura y otra son notables, en particular la similitud entre la vida del Cristo histórico y Buda.

Mi indagación continuó con un libro clásico, difícil de conseguir. Me refiero a la biografía de Jetsun Milarepa, el santo más venerado del Tíbet, que vivió en el siglo XI, cuya peripecia vital nos llega por vía oral y gracias al trabajo del profesor de la Universidad de Oxford W. Y. Evans-Wentz, que recibió del hijo de un lama el manuscrito incompleto y se dio a la tarea de completarlo y publicarlo en 1928. Esta biografía, *El gran yogui Milarepa del Tíbet*, es un texto para leerlo lentamente, saboreando sus leyendas y moralejas.

Por último, el diálogo entre Jean-François Revel y su hijo, Matthieu Ricard, quien se hizo monje tibetano, es una valiosa indagación de cultura comparada entre Oriente y Occidente. Me refiero a *El monje y el filósofo* (1998), texto en el que conversan una de las mentes más lúcidas de la cultura cartesiana, Revel, y su hijo, que abrazó la cultura tibetana a tal punto que se ordenó monje. Son muchas las respuestas esclarecedoras del monje Matthieu Ricard. Citaré algunas: «Diré que, en esencia, el budismo es una tradición metafísica de la que emana una sabiduría aplicable a todos los instantes de la existencia y en todas las circunstancias» (Revel-Ricard, 1998: 36). Refiriéndose a Buda, explica: «No es venerado como un Dios ni como un santo, sino como el sabio último, como la personificación del Despertar» (Revel-Ricard, 1998: 37). Acerca de si el budismo puede considerarse una religión, aclara: «El budismo no es una religión si por religión se entiende la adhesión a un dogma que es preciso aceptar mediante un acto de fe ciega, sin que sea necesario redescubrir por uno mismo la verdad de dicho dogma. Pero si se considera una de las etimologías de la palabra religión, que es "lo que religa", el budismo está sin duda religado a las verdades metafísicas más elevadas» (Revel-Ricard, 1998: 36).

En respuesta a una versión desenfocada de Juan Pablo II, el monje se decide a aclarar los malentendidos de Karol Wojtila, fruto de su (al parecer) insuficiente conocimiento sobre el budismo. Dice Ricard: «En su libro *Entrad en la esperanza* afirma que, según el budismo, "hay que cortar los lazos que nos unen a la realidad exterior" y que "a medida que esta liberación se produce, nos volvemos cada vez más indiferentes a todo lo que hay en el mundo". Describe asimismo el nirvana como "una indiferencia total hacia el mundo". Son contrasentidos, sin duda excusables porque se deben a falta de información, que numerosos cristianos y budistas han lamentado. Pues el objetivo que el budismo se propone es una comprensión última del mundo fenoménico, tanto exterior como interior. Sustraerse a la realidad no resuelve nada. El nirvana es lo contrario de la indiferencia ante el mundo, es compasión y amor infinitos hacia la totalidad de los seres» (Revel-Ricard, 1998: 172). Pues, es evidente que el Papa polaco no sabía lo que estaba diciendo. No obstante, sus errores le dieron pie al monje para corregir el entuerto e iluminar un terreno confuso sobre la naturaleza del budismo. Se agradece.

Sobre el tema del ego y lo que se piensa de él en el budismo, hablaron mucho padre e hijo. Sobre esto, viene como anillo al dedo traer un poema de Santideva, un maestro budista del siglo VIII, donde despeja de nubes el firmamento. Dice:

> Toda la felicidad del mundo
> viene del corazón altruista,
> y toda su infelicidad,
> del amor de sí mismo.
> ¿De qué sirven tantas palabras?
> El necio vive atado a su propio interés

y Buda se consagra al interés del prójimo:
¡considera tú mismo la diferencia!

Por supuesto, la cultura budista tibetana no se reduce a lo que he referido antes, pero no huelga recordarles que aludo a lo que me queda de la inmersión en ella. No estoy escribiendo un tratado sobre espiritualidad, estoy redactando unas pocas líneas que dan testimonio de mis indagaciones en el mundo no evidente, en el río subterráneo que corre por debajo de nuestras vidas.

Del budismo tibetano pasé a indagar en el budismo zen de la mano de Daisetz Teitaro Suzuki, el célebre doctor Suzuki que vivió en Londres y fue una suerte de divulgador del budismo zen en Occidente. Un título enunciativo, *Budismo zen*, me facilitó el mapa. Nos aclara que el zen es la adaptación del budismo indio en China, imbuido de su espíritu práctico; mezcla de confucionismo y taoísmo. También aclara Suzuki que la influencia del budismo zen ha sido mucho mayor en Japón que en China, y es desde el corazón de su país desde donde habla. Afirma Suzuki: «El zen, pues, pretende llegar a contactar con esa naturaleza divina presente en todos nosotros; y esta revelación de la naturaleza divina en nosotros es lo que constituye la experiencia de Iluminación de Buda» (Suzuki, 2010: 154).

En verdad, el budismo zen se nos presenta más despojado que el tibetano. Como bien dice Suzuki, la criba con el taoísmo y confucionismo lo imantó de practicidad, matizando sus ritos, simplificándolo hasta la nuez. Mi espíritu se avino perfectamente con el budismo zen, pero no fue en él donde profundicé más en las enseñanzas de Buda, sino en el tibetano, que ha hecho de la mente y la muerte dos esferas de investigación esenciales.

Luego, naturalmente, leí el texto canónico del budismo, el *Dhammapada*, y entonces sí me acerqué a una visión más completa de las enseñanzas del Buda. Recordemos que Buda, al igual que Cristo, jamás escribió, de modo que sus palabras fueron recogidas por sus discípulos, pero ignoro quién fue o quiénes fueron los Pablo de Tarso de Buda. En todo caso, los 423 fragmentos

(Ramiro Calle los llama versos) ofrecen momentos de enorme interés. Recordemos también que el Buda vivió seis siglos antes de Cristo. Lo traigo a cuento porque en algunas de las citas que ofreceré es evidente que Cristo dijo lo mismo, después. Voy a utilizar la traducción de Narada Thera, ya que es la que mejor se adapta al español, según mi parecer.

Comenzando el libro, en el fragmento 5, se lee:

> En este mundo, el odio nunca cesa a través del odio; solo cesa a través del amor. Esta es una ley eterna (Thera, 2006: 15).

Evidentemente, se trata de la doctrina cristiana, solo que formulada seis siglos antes. En el capítulo II el tema es la atención, un asunto esencial para el budismo. Transcribo el fragmento 25:

> A través del esfuerzo, la diligencia, la disciplina y el autocontrol, será que el hombre sabio haga de sí mismo una isla que ninguna inundación pueda anegar (Thera, 2006: 20).

Aquí surge una práctica o virtud que es constante en el pensamiento del Buda: la disciplina. Sin ella, nada se alcanza, nada se realiza. Y también aparece otro valor esencial al budismo: el autocontrol. Más adelante, en el capítulo de la mente (el III), se lee en el fragmento 35:

> Es bueno controlar la mente: difícil de dominar, voluble y tendente a posarse allí donde le place. Una mente controlada conduce a la felicidad (Thera, 2006: 21).

Esto ya lo hemos visto en la metáfora del budismo tibetano de conducir «la pulga a casa», con que designan el trabajo caprichoso de la mente saltarina y la necesidad de serenarla, de concentrarla, de «llevarla a casa».

En cuanto a la disciplina, se regresa sobre el tema en el capítulo VI, el del sabio, en el fragmento 80:

> Los que riegan, canalizan el agua; los arqueros enderezan la flecha; los carpinteros tallan la madera; los sabios se disciplinan (Thera, 2006: 31).

Recordemos que no está hablando de los monjes todavía, está refiriéndose al sabio. Luego, en el capítulo VIII hallamos un pensamiento socrático, pero casi doscientos años antes de que naciera el filósofo griego. Se lee en el fragmento 103:

> Más grande que la conquista en batalla de mil veces mil hombres es la conquista de uno mismo.

Y en el 104-105 continúa diciendo:

> Mejor conquistarse a uno mismo que conquistar a los demás. Ni un dios ni un semidiós, ni Mara ni Brahma, pueden deshacer la victoria de aquel que se ha amaestrado a sí mismo y se conduce siempre con moderación (Thera, 2006: 37-38).

Más adelante, en el capítulo del autocontrol, se lee sobre el mismo tema:

> Uno mismo es su propio refugio. ¿Qué otro refugio podría haber? Habiéndose controlado a uno mismo, se obtiene un refugio difícil de conseguir (Thera, 2006: 49).

La insistencia en que todo depende de uno mismo es constante de Buda. No busquemos fuera lo que está dentro, nos dice en el fondo. Vuelve sobre el tema en el fragmento 165:

> Por uno mismo se hace el mal y uno mismo se contamina. Por uno mismo se deja de hacer el mal y uno mismo se purifica. La pureza y la impureza dependen de uno mismo. Nadie puede purificar a otro (Thera, 2006: 50).

Asombra cómo Buda apunta al Ser como fuente de respuestas. No vienen de afuera. Veamos ahora otro asunto capital para el budismo: el apego. Trabajado en el capítulo XVI, reproduzcamos dos fragmentos, el 212 y el 213. Se lee en el primero:

> Del placer nace el sufrimiento; del placer nace el miedo. Para aquel totalmente libre de placer no hay dolor, y mucho menos miedo.

En el segundo:

> Del deseo surge el dolor; del deseo surge el miedo. Para aquel que está libre de deseo ni hay dolor ni mucho menos miedo (Thera, 2006: 59).

Esto es piedra angular para el budismo: el deseo como fuente de dolor. Sobre el apego no son pocas las discusiones que ha habido en Occidente a lo largo de la historia, ya que muchos lo han interpretado como una expresión de desamor y, la verdad, tanto el apego como el deseo son motores muy poderosos en el mundo occidental. ¿Cuánto no se ha hecho o destruido por atender al llamado del deseo? Sin el deseo y el miedo no hay manera de entender al mundo occidental, de modo que el proyecto de reducirlos a nada o dominarlos hasta su desaparición, además de que es tarea imposible, va a contracorriente de las pulsiones occidentales. No obstante, no es falso que buena parte de la infelicidad, el dolor y el miedo, son frutos del deseo y el apego. De tal modo que Buda está colocando el dedo en la llaga. Pide mucho.

En relación con la práctica de ver en los otros las faltas fácilmente y no verlas en nosotros mismos, lo dicho por Cristo es idéntico a lo dicho por Buda. La meditación es señalada por Buda como presupuesto de la sabiduría, así como la ignorancia es la fuente de todas las desgracias. El *Dhammapada* es, como vemos, no solo el texto central del budismo sino un código de ética, de conducta, como no hay otro en su brevedad y concisión en el mundo oriental. Conviene recordar que el *Tao Te King* y el *Dhammapada* están relativamente cerca en el tiempo. Aunque las fechas de nacimiento y muerte de Lao Tsé y Siddartha Gautama siguen siendo objeto de controversias, ambos están forzosamente entre los 600 y los 500 años a. C. En todo caso, el *Tao Te King* es el texto de filosofía china más antiguo y las enseñanzas de Buda ocurren en India, dentro de la tradición hinduista, constituyéndose con el paso del tiempo en una fuerza espiritual muy reducida en su país de origen y muy extendida en el resto de Asia. Si bien el budismo no llega a ser una herejía del hinduismo, como sí puede serlo el cristianismo del judaísmo, lo cierto es que habiendo nacido dentro del odre del hinduismo, sus aportes son propios. En tal sentido, heréticos, si extremamos el argumento. Imposible no recordar que la tradición cultural en la que nace y vive Buda es la de los *Vedas*, los *Upanishads* y el *Baghavad-Gita*, pero la magnitud de su impronta es tal que los budistas suelen atender poco a las raíces del budismo. Algo similar ocurre con el cristianismo y el judaísmo. A los cristianos se nos olvida que también somos judíos, que en esa cultura nació y vivió Cristo.

Si el taoísmo abrió mi mente a otras maneras de observar la realidad a partir de los mecanismos de la naturaleza, el budismo fue otra vuelta de tuerca. Representó un cambio en mi visión del mundo. Debo agregar que a sus enseñanzas, que son muchas y no los cansaré repitiéndolas, se añade la actitud del budismo en relación con el proselitismo. Simplemente no lo practica. No andan los budistas por el mundo buscando seguidores ofreciéndoles la tierra prometida, ni el budista se siente integrante de una tribu elegida, ni el budismo como filosofía metafísica se proclama como la única verdad del mundo. ¿Cómo no simpatizar con esta conducta tan radicalmente respetuosa, que considera las creencias del otro? ¿No conocemos de sobra un mundo de verdades reveladas que se yerguen como verdades absolutas, autoritarias, antidemocráticas? ¿No han sido los peores momentos de la humanidad consecuencia de la pretensión de unos de imponerles un cuerpo de creencias a otros? ¿Las religiones monoteístas no han sido la fuente inspiradora de no pocas conquistas y genocidios? Jamás el budismo ha sido una filosofía o religión de conquista porque no hay nada que conquistar más allá de nosotros mismos y de una vida en paz, en la comunidad de los seres vivos. El historiador inglés Arnold Toynbee, ya viejo, dijo: «Uno de los acontecimientos más significativos del siglo XX será la llegada del budismo a Occidente». De acuerdo.

Por último, vayamos a la nuez del budismo. Me refiero a la Iluminación de Siddartha Gautama debajo de un árbol, a los 35 años, después de seis años de meditación y abandono de su vida principesca anterior. Debajo de aquel árbol, nacieron en su mente las llamadas «Cuatro Nobles Verdades». Estas son: 1) El sufrimiento es el corazón de la experiencia de vivir, 2) Las causas del sufrimiento son el apego y el deseo, 3) La cesación del sufrimiento se alcanza cuando no se responde al deseo, 4) El camino para alcanzar la cesación del sufrimiento es el «Noble Sendero Óctuple». Esto consiste en: 1) Recto entendimiento, 2) Recto pensamiento, 3) Recta palabra, 4) Recta acción, 5) Rectos medios de vida, 6) Recto esfuerzo, 7) Recta atención, 8) Recta concentración. De los dos últimos se desprende una práctica que es esencial para el budismo: la meditación. Sin ella, no hay nada. Buda la concebía de dos intensidades: la Samatha, que es concentración, y la Vipassana, que va mucho más allá, es mucho más profunda. Como vemos, toda una concepción de la vida que ofrece, incluso, ocho preceptos morales que son un código de conducta. Esta es, pues, la base del budismo, la experiencia de Buda transmitida a su comunidad de discípulos. A partir de esta piedra angular se han construido variantes y variantes, como suele suceder con todo tejido cultural. Ahora volvamos a nuestro río central.

La lectura recurrente de la obra de Michel de Montaigne pertenece a este año de 1991. Naturalmente, había leído muchos ensayos, pero no me había enfrascado en los del creador del género. Además, Montaigne no es solo un autor literario, es un espíritu con una visión del mundo, un autor que nos hace tatuajes en la piel, imposibles de borrar. Me sedujo su amor por la vida y su capacidad titánica para escrutarlo todo. Imposible no recordar estas palabras: «Hay que difundir la alegría y suprimir todo lo posible la tristeza». También dijo y lo suscribo: «A mí me gusta la vida». Pero mi comunión con Montaigne no es completa: su visión de la paternidad es lamentable: «Los hijos pertenecen a las cosas que no tienen mucho por lo que ser deseadas, en especial en estos tiempos en que sería tan difícil hacerlos buenos» (Montaigne, 1993: 132). Pobre Montaigne.

Sus reflexiones sobre la muerte son luminosas, así como su concepción del cuerpo en relación con el alma. Se oponía a la separación entre cuerpo y espíritu, abogaba por la unidad. No le gustaban los espíritus «ariscos y tristes» y tampoco transigía con la austeridad extrema, le parecía mezquina. Odiaba lo huraño y amaba el arte de la conversación. Amaba a Sócrates, como era de esperarse, y lo refiere en múltiples oportunidades, para mi regocijo.

Entendía a plenitud la naturaleza contradictoria de la vida; la complementariedad de los contrarios. Afirmaba: «Hay que aprender a sufrir lo que no puede evitarse. Nuestra vida está compuesta, como la armonía del mundo, de cosas contrarias, así como de diversos tonos, suaves y ásperos, agudos y planos, leves y graves» (Montaigne, 1993: 159). Imposible no consignar su importancia en lo que al espíritu humano se refiere. Fue un maestro de la observación y de la reflexión sobre lo visto. Cada cierto tiempo vuelvo sobre sus páginas y me sorprendo por las coincidencias entre Montaigne y el budismo, sobre todo porque no bebió en estas fuentes el alcalde de Burdeos: Michel Eyquem de Montaigne, el amigo íntimo de otro autor de vigencia especial: Étienne de La Boétie.

Sigmund Freud y Carl Gustav Jung dejan sus trazos

Como dije antes, una vez que renuncié al Conac en junio de 1995, me fui a trabajar en el IDEA (Instituto de Estudios Avanzados) con mi buen amigo Luis Castro Leiva. Además de Luis, conversaba a diario con Ernesto Mayz Vallenilla y mi pariente Fernando Falcón Veloz, quienes también trabajaban en la casa que ocupaba el instituto, cerca del valle de Sartenejas, sede de la Universidad Simón Bolívar. Reinaba un clima de camaradería refrescante, signado por la impetuosa personalidad de Castro Leiva, un ser excepcional que se fue temprano, a los 56 años. Por otra parte, la enfermedad de mi padre avanzaba en los últimos meses de aquel año, hasta que se lo llevó el 26 de enero de 1996. Mi madre, por su parte, estaba en cama postrada después de 5 años padeciendo arterioesclerosis senil. Su muerte era cuestión de meses, también.

Aquel 1996 fue un año de grandes sacudones personales. Mi madre murió el 12 de agosto. Días después de su deceso atendí una invitación del Reino Unido y viajé a la Universidad de Warwick a pasar un semestre de *visiting fellow*. Allá estuve entre agosto y diciembre de ese año y me concentré en tres tareas: la lectura diaria y anotada del *Quijote*, riendo a carcajadas; la escritura de un guion cinematográfico para una película de Alfredo Anzola, *1888, el extraordinario viaje de la Santa Isabel*, y la escritura de *Poemas ingleses*, textos que no tenía previsto escribir, pero que se impusieron; todo esto lo hice en absoluto silencio, solo, trabajando en la biblioteca de la universidad o en el apartamento que me asignaron, viendo a las ardillas correr por la grama, entre un árbol y otro. Fui a hacer mi duelo y a trabajar; quizá entonces ignoraba lo que estaba haciendo. Me aclimataba en mi nueva condición de huérfano, a los 37 años. No me quejaba: viví muchos años la gracia de tener padres. Sabía que una pequeña llave hacia el bienestar es agradecer por lo que se tiene y no lamentarse de lo que nos falta. Mis padres habían cumplido su ciclo de vida a plenitud. No dejaban deudas pendientes, ni experiencias por vivir en la elipse que trazaron con su vida. Alrededor de 80 años, esa es la vida, lo demás es un regalo, dependiendo de cómo se vivan, naturalmente.

A los días de haber muerto mi padre necesité ayuda y acudí al psicoanalista. Esta vez se trataba de un médico psiquiatra de formación freudiana y junguiana (Indalecio Fernández). La experiencia duró 8 meses intensos y en paralelo inicié la lectura de la obra de Jung y luego la de Freud. Esta vez sí tuve la experiencia de seguir el análisis de sueños que lograba retener en la memoria y narrarle al analista. Algunos están recogidos en un poemario de mi autoría (*Plexo solar*, 2002). Las sesiones eran dialogales y sin diván, salvo que yo quisiera recostarme en él, hecho que pocas veces sentí la necesidad de hacer. Me ayudó mucho el analista a atravesar las aguas procelosas de la muerte en aquel 1996; también fue muy útil para comprender la huella que dejaban mis padres en mí y para despedirlos, con todo el amor que yo sentí por ellos. Me hacía feliz amarlos y eso hice. Los adoré. Anidaba en mí una extraña conciencia acerca de mi condición final de hijo, desde que había pasado a ser padre. Me sentía en el medio de una línea que estaba por terminar en uno de sus extremos.

A mis padres Dios les otorgó un privilegio: murieron en sus camas, rodeados de sus hijos y nietos, lejos de la hiriente frialdad de los hospitales. El momento de sus muertes lo poeticé en *Plexo solar* y me duele mucho volver sobre estos pasos. Sentí que algo de la divinidad, algo del misterio de la vida se iba con ellos; sentí que quedaba solo en el mundo, abandonado a mi suerte. Años después supe que no era así, que recibía sus protecciones siempre. A sus entierros asistieron muchas personas que los querían. Nos sentimos reconfortados con la compañía de tanta gente en momentos tan dolorosos. Ambos tenían una condición común: fueron huérfanos de madre desde muy tempranas edades; habían crecido al cuidado de abuelas y tías. Un dato de oro para comprender sus psicologías. No habían sido criados por sus madres consanguíneas, sino por sus padres consanguíneos y madres sustitutas.

De toda aquella constelación familiar a la que llegué le hablaba al analista. Nací de último, cuando mis padres estaban comenzando a recoger las velas. Mis tres hermanas mayores vivieron lo contrario: la etapa de desplegarlas. Vi cómo vendían una casita de campo en San Antonio de los Altos donde yo era feliz entre pinos, conejos y neblina. Vi cómo vendían una casita en Caraballeda, muy cerca del mar, donde conocía la plenitud todas las vacaciones de Semana Santa y verano. Iban vendiendo todo porque los tiempos finales se aproximaban y se necesitaba estar asegurados, pero ocurre que los tiempos del repliegue de ellos eran los de mi crecimiento. Vi cómo vendían la casa grande de El Paraíso para mudarnos a un apartamento en Chulavista. La intuición me llevó fuera de casa a buscar aires de crecimiento, no de despedida. Me busqué amigos de familias alegres que celebraban la prosperidad y la vida. Familias que estaban más al principio que al final. Hice lo que mi psique me pedía entonces, sin tener plena conciencia de lo que hacía. Todavía me pregunto cómo ha podido influir en mí haber crecido en un mundo que se estaba deshaciendo.

Comencé a leer la obra de Jung por su autobiografía: *Recuerdos, sueños, pensamientos* (1958). Continué con su obra escrita para el lector general, no especializado: *El hombre y sus símbolos* (1964). La primera de inmediato se tornó en un libro de consulta al que regreso constantemente. Es uno de los libros capitales en mi vida. Desde el prólogo comienzan las revelaciones, las cito: «Una persona es un proceso psíquico al que no domina, o solo parcialmente. Por eso no puede dar un juicio final de sí misma ni de su vida. Para ello tendría que saber todo lo que le concierne, pero a lo más que llega es a figurarse que lo sabe. En el fondo, uno nunca sabe cómo ha ocurrido nada… Uno no sabe adónde va a parar la vida. Por esto el relato no tiene comienzo, y la meta solo se puede indicar aproximadamente» (Jung, 1994: 17). En perfecta consonancia con los misterios de la psique, sobre los que Jung insiste en señalar que conocemos muy poco, el párrafo anterior nos prepara para el libro. Desde el comienzo el psiquiatra anuncia un desiderátum de su obra: hay algo que no logramos comprender, vivimos inmersos en un misterio.

Su infancia, su formación médica, su ruptura con Freud, sus sueños y el análisis de ellos, ocupan las primeras doscientas páginas de la obra. El propio Jung se encarga de explicar cuál ha sido el propósito de su vida: «Toda mi actividad posterior consistió en perfeccionar lo que brotó del inconsciente y que comenzó inundándome a mí. Constituyó la materia prima para la obra de mi vida» (Jung, 1994: 207). Antes, el suizo ha aclarado que la historia, los acontecimientos externos, no serán materia de su autobiografía, no porque los considere sin importancia, sino porque la materia de su trabajo es su personalidad, su psique, su mundo interior, su universo onírico.

Hay una sección de viajes cruciales para Jung (India y África, naturalmente), donde sus observaciones no han soportado el paso del tiempo. En particular su lectura del budismo está determinada por lo que se sabía de esta cultura para entonces: hoy en día es otra, con matices sustanciales que Jung no vio. Es evidente que el budismo y el hinduismo sacaron a Jung de sus casillas occidentales y lo condujeron a afirmar su europeísmo más que a cuestionárselo en sus cimientos. No son estas páginas viajeras donde se hallan las revelaciones del libro.

Hacia el final de la obra se van precipitando observaciones luminosas, como si Jung estuviera sacando diamantes de una bolsa de terciopelo. Esta es una: «Cuanto más prevalece la razón crítica, más pobre deviene la vida; pero cuanto más inconsciente, cuantos más mitos podamos llegar a comprender, tanta más vida es integrada. La razón sobreestimada tiene en común con el Estado absoluto lo siguiente: bajo su dominio se empobrece el individuo» (Jung, 1994: 308). Ciertamente, es evidente que cuando conversamos con un hiperracional estamos en presencia de un ser que ha podado todo lo que no tiene explicación y lo ha descartado como superchería, trucos, falsedades. Conozco algunos que han presenciado hechos completamente imposibles de explicar racionalmente y no les dan crédito, no pueden aceptar que ocurrieron enfrente de ellos. Lo que

Jung viene a enseñarnos es precisamente eso: un mundo onírico, inconsciente, que se expresa en los sueños y que está allí, que si nos hacemos los locos frente a él no ganamos nada y perdemos mucho, tanto como el que no cree en nada que no pueda ser comprobado científicamente. A ello se refiere Jung cuando dice que el racionalismo extremo empobrece al individuo, ya que deja de lado facetas cruciales de la realidad, aquellas que no se quieren ver, aquellas que son, por cierto, las que definen radicalmente la individualidad.

Las páginas dedicadas al tema religioso son iluminadoras. Jung relaciona el mito con Dios y, a su vez, la necesidad de los seres humanos de encontrarles un sentido a sus vidas. Más aún, llega a afirmar el suizo que «la carencia de sentido impide la plenitud de la vida y significa por ello enfermedad» (Jung, 1994: 345). Subyace en el pensamiento de Jung la idea del equilibrio aristotélico, expresado en la consideración de los dos mundos: el consciente y el inconsciente. A este último pertenecen las creencias, los mitos, la divinidad que anida en el hombre. Así lo cree Jung: «Pues Dios no es un mito, sino que el mito es la manifestación de una vida divina en el hombre» (Jung, 1994: 345). En esto, aunque no lo expresa, Jung coincide plenamente con Buda.

No obstante, en su autobiografía no hallaremos pasajes científicos, concentrados en otras vertientes de su vasta obra; es imposible que Jung no refiera la esencia de sus formulaciones. Por ejemplo, habla del inconsciente colectivo cuando afirma: «Así como el cuerpo tiene una prehistoria anatómica de millones de años, así también el sistema psíquico; y del mismo modo que el cuerpo humano actual en todas partes representa el resultado de esta evolución y los estadios precedentes a su actualidad se echan de ver en todas partes, así también en la psique» (Jung, 1994: 352). Finalmente, el autor nos propone que aceptemos que vivimos en un mundo enigmático, que nada obtenemos con negarlo y que, por lo contrario, si nos abrimos a ello nuestras vidas se enriquecen y se complejizan nuestras percepciones, así como cambia completamente nuestra manera de estar en el mundo.

El ensayo *El hombre y sus símbolos* tiene en común con *Recuerdos, sueños, pensamientos* que son obras de la senectud de Jung, de cuando el autor está recogiendo las velas y resumiendo. Recordemos que el origen de la primera es una entrevista de televisión que lleva a un empecinado editor a convencer a Jung de que escriba un texto para ser comprendido por todos. La verdad es que Jung lo intentó, pero *El hombre y sus símbolos* no es de lectura fácil, no se trata de una lectura que se hace cociendo y cantando, pero tampoco es un texto para especialistas, escrito en jerga psicoanalítica. Los sueños, los arquetipos, los símbolos están trabajados en este texto, así como el alma humana. Es un libro luminoso.

Continué con la lectura de la obra de Jung después de esta iniciación con sus textos básicos. Es innecesario enumerar sus libros leídos. Consigno la exigente lectura de un volumen que permaneció inédito durante décadas: *El libro rojo*. Un texto enigmático, extrañísimo, que me tomará años metabolizar, si es que eso ocurre. Lo cierto es que el descubrimiento de la obra de Jung fue un momento central en mi desarrollo psíquico, una verdadera conmoción que no ha dejado de tocar mi puerta. También me adentré luego en las conferencias y textos recogidos en *Civilización en transición*, el volumen 10 de su *Obra completa*. Tres textos me interesaron enormemente por la resonancia que tienen para la experiencia política venezolana reciente, a partir de los intentos de golpe de Estado de 1992. Me refiero a la conferencia «Wotan», al artículo «Después de la catástrofe» y a la conferencia «La lucha con la sombra». En la primera trabaja a un dios dormido de la mitología del pueblo alemán: Wotan, el Dios de la guerra, de las tinieblas, de la venganza, el que Jung advierte en 1936 que ha despertado, para desgracia de todos. Le sigue «Después de la catástrofe», cuando los trabajos de Wotan ya son un hecho y Jung habla desde los escombros que deja la Segunda Guerra Mundial. La tercera, «La lucha con la sombra», es la que me lleva a citar parte de su contenido porque no creo haber leído algo más lúcido sobre Hitler y la tragedia alemana. Jung viene refiriéndose al estado de ánimo alemán después de la pérdida de la Primera Guerra Mundial y las imposiciones del Tratado de Versalles.

Afirma Jung: «La avalancha siguió avanzando en Alemania y trajo al *Führer*, destinado a ser el instrumento que había de completar la ruina de la nación ¿Cuál era su intención inicial? Soñaba con un "orden nuevo". Nos equivocaríamos gravemente si creyéramos que no tenía efectivamente la intención de crear un orden internacional de algún tipo… Hitler era el exponente de un "orden nuevo" y esa es la verdadera razón por la que prácticamente todos los alemanes cayeron en su trampa. Los alemanes querían orden, pero cometieron el funesto error, preñado de consecuencias, de elegir como líder a la principal víctima del desorden y de la ambición incontrolada… Igual que el resto del mundo, no entendieron que Hitler simbolizaba algo en cada uno de ellos y que en eso consistía su significado. Era la sorprendente encarnación de todas las inferioridades humanas. Tenía una personalidad psicopática, totalmente incapaz, inadaptada, irresponsable, llena de fantasías infantiles, pero poseía también el agudo olfato de una rata o de un marginado social, cual si cargara con una maldición. Representaba la sombra, la parte inferior de la personalidad de cada cual en grado hiperbólico, y esta fue otra razón por la que se dejaron atrapar por él» (Jung, 2001: 214). ¿Es necesario advertir por qué he escogido esta cita? Creo que no. En todo caso, la lectura de Jung no solo iluminó el laberinto de mi psique, sino que también lo hizo sobre los espacios abiertos y exteriores, sobre la historia, en otras palabras.

Acerca de los exégetas de Jung no conozco ninguno mejor que Robertson, mencionado antes. En el epílogo de su estudio señala: «Sin duda, la idea básica de la psicología junguiana es la existencia del inconsciente colectivo y de nuestra relación con él a lo largo del proceso de individuación» (Robertson, 2011: 203). Habría que añadir que la visión compleja, holística, de Jung se distingue radicalmente de la de Freud y Adler, quienes privilegiaron el sexo y el poder como los motores únicos de la personalidad. Aunque es Freud el que revela el valor de los sueños para indagar en el inconsciente, Jung les otorga un valor esencial al advertir en estos los arquetipos del inconsciente colectivo, más allá de la libido. A esta, por cierto, termina por llamarla «energía», despojándola de la única connotación sexual que le reservaba Freud. No me canso de recomendar este libro introductorio de Robertson al trabajo del doctor Jung.

Aquel estremecedor 1996 cambió totalmente mi manera de estar en el mundo. Murieron mis padres con siete meses de diferencia. Pasé cuatro meses solo en Inglaterra y, al regresar, se me presentó una oportunidad de trabajo que cambió mi vida: ingresé a la Universidad Metropolitana como profesor a tiempo completo en enero de 1997. Comenzó entonces una labor que no busqué, que no tenía prevista y que, paradójicamente, ha crecido en mi psique como una de las fundamentales. Hoy, 21 años después, puedo decir que soy un profesor, que amo dar clases, que me hace muy feliz la experiencia de compartir conocimientos con los alumnos. Pero nada de esto estaba previsto en mi vida. Enrique Viloria Vera, decano en la Universidad Metropolitana, me preguntó si quería dar clases y le dije que sí, que quería experimentar con la tarea, y una actividad que no estaba entre mis planes se tornó central. Recuerdo cómo sudaba copiosamente en aquellas primeras asignaturas que impartí, recuerdo cómo sufría por mi timidez, inseguro, titubeante. Hoy en día plantarme frente a un salón repleto es un placer.

Coincidieron mi nuevo oficio (enseñar) y la lectura de la otra cara de la luna: la obra de Sigmund Freud. Quedé imantado con *Moisés y la religión monoteísta* (1939) y *El malestar de la cultura* (1930), libros escritos en las primeras décadas del siglo XX que conservan una vigencia absoluta. Luego, leí *Psicología de las masas* (1921) y *Psicoanálisis del arte*; ambos títulos son recopilaciones de ensayos excepcionales.

Recuerdo con nitidez la revelación que significó *Moisés y la religión monoteísta*. Allí se lee: «Durante la gloriosa Dinastía XVIII, bajo cuya égida Egipto llegó a ser por vez primera una potencia mundial, ascendió al trono, por el año 1375 a. C., un joven faraón que primero se llamó Amenhotep (IV), como su padre, pero que más tarde cambió de nombre, y por cierto algo más que su nombre. Este rey se propuso imponer a sus egipcios una nueva religión, una religión contraria a sus tradiciones milenarias y a todas sus maneras familiares de vivir. Tratábase de un rígido monoteísmo, la primera tentativa de esta clase emprendida en la historia de la humanidad, en cuanto alcanzan nuestros conocimientos. Con la creencia en un dios único nació casi inevitablemente la intolerancia religiosa, extraña a los tiempos anteriores y también a largas épocas ulteriores» (Freud, 2001: 25-26). Freud se remonta a Egipto porque va a demostrar en las líneas siguientes que el monoteísmo judío, instaurado por Moisés, es de raíz egipcia. Luego, también demuestra que el judío es todavía más severo que su antecesor, ya que prohíbe las imágenes.

Queda claro que el monoteísmo judío continúa en el cristianismo, solo que se produce un cambio de la figura central, un cambio de radical importancia: en el judaísmo el eje es el Padre, en el cristianismo es el Hijo, nada menos. Luego, Freud anota la atenuación del monoteísmo sucedida en el seno del cristianismo, cuando se incorporan ritos y figuras de los pueblos periféricos. La diosa-madre se expresó en las vírgenes, por ejemplo, pero no fue la única incorporación sutil del politeísmo por parte del cristianismo. Cosa distintísima ocurrió con el judaísmo, como sabemos.

Entrelaza Freud el mito del héroe con la figura del padre y se detiene en un hecho central: el héroe debe matar al padre para alcanzar su entidad. Pero a su vez el hombre, héroe o no, requiere del padre para completarse. Su infantilización se sacia, se supera, con la figura del padre, de Dios o del «hombre fuerte» que guía. Este conflicto, según Freud, se repotencia en el cristianismo, en la medida en que, como señalamos antes: «El judaísmo había sido una religión del Padre; el cristianismo se convirtió en una religión del Hijo» (Freud, 2001: 107). Intenta el psicoanalista desatar este nudo gordiano y al hacerlo ilumina espacios, tantos como los que alumbra en su disertación acerca del monoteísmo y la intolerancia religiosa: consecuencia esta de la conformación del otro. Este libro lo juzgo central para la comprensión de la naturaleza de la cultura judeocristiana.

No menos valioso es *El malestar en la cultura*. Este ensayo de hondura abismal apunta en el centro de la diana: «El designio de ser felices que nos impone el principio del placer es irrealizable; mas no por ello se debe –ni se puede– abandonar los esfuerzos por acercarse de cualquier modo a su realización» (Freud, 1999: 28). De acuerdo con Freud, esta es la noria de la existencia: nuestra naturaleza nos lleva a buscar el placer y lo alcanzamos de manera efímera, siempre transcurre más tiempo sin satisfacer el impulso que satisfecho. Luego, buena parte del ensayo se centra en el individuo en sociedad. Concluye señalando: «A mi juicio, el destino de la especie humana será decidido por la circunstancia de si –y hasta qué punto– el desarrollo cultural logrará hacer frente a las perturbaciones de la vida colectiva emanadas del instinto de agresión y de autodestrucción» (Freud, 1999: 92). Recordemos que Freud centra buena parte de su discurso en el papel de la cultura como modeladora de la conducta humana, atemperando los instintos agresivos del hombre. Eros y Tánatos polarizan la vida, según el analista. En esta polaridad, Eros sería la cultura y Tánatos los instintos destructivos del hombre.

Psicología de las masas y *Psicoanálisis del arte* ofrecen ensayos notables, siempre dentro de las obsesiones temáticas de Freud que, evidentemente, son señaladamente distintas a las de Jung. Sorprende, incluso, que mentes tan disímiles hayan podido sentir simpatía una por la otra durante años; más bien se hace evidente lo contrario, como finalmente ocurrió cuando hubo el rompimiento.

También en 1996 salió de la imprenta un breve libro de entrevistas conmigo de la profesora Violeta Rojo (1959). Se titula *El infierno soy yo. Conversaciones con Rafael Arráiz Lucca* (1996). Violeta redactó una serie de preguntas nada complacientes y me dio un tiempo prudencial para responderlas. Muchas de ellas supusieron una revisión interior interpelante, ardua, a ratos difícil. Una de las preguntas de hace veinte años que me formuló fue esta: «Hagamos literatura de anticipación. ¿Cómo crees que será tu futuro a corto, mediano y largo plazo?». Entonces respondí: «Pues bien, si Dios accede a satisfacer mis sueños a corto, mediano y largo plazo estaré escribiendo en lugares fríos por varios años, podré aplicarme a tiempo completo con mi trabajo, con mi alegría y no tendré que perder el tiempo en otros quehaceres... espero poder responder a dos llamados: el de la biblioteca y el del espacio interior, el del aliento de los otros que ha quedado en un libro y el del aliento propio que está por ser pulsado. Dios dispondrá, pero él sabe que estos son mis deseos: continuar la aventura del crecimiento interior por la vía del conocimiento y de la experiencia. Este sería, pues, el marco donde se desarrollaría mi futuro» (Rojo, 1996: 76-77). Esto respondía en 1996, hace 22 años, cuando tenía treinta y siete. Ahora, en el 2018, lo refrendo plenamente; salvo que los lugares fríos, después de haber vivido en ellos, ya no me gustan, prefiero el trópico.

Luego, la profesora dispara otra pregunta cuya respuesta quiero suscribir, también. La pregunta: «¿Te asusta la vejez? ¿Cómo te imaginas a los 70 años? ¿Sospechando sin alcanzar respuesta?». Respondí: «Si Dios quiere estaré leyendo y escribiendo. Haciéndome menos oscuro el mundo y abierto a lo nuevo. Tendré las puertas de mi casa abiertas y viviré para darles paso a los jóvenes. Les huiré a mis contemporáneos fastidiosos. Seré joven… No aceptaré la vejez, ya soy demasiado viejo como para aceptar peso sobre mi espalda. Quiero llegar a viejo haciendo lo que me da la gana, libre, acompañado por mi familia más querida, por mis hijos, por mis libros, en Caracas, en la ciudad donde quiero dejar mis huesos» (Rojo, 1996: 77-78). En esta respuesta faltó una alegría que hace veinte años no vislumbraba: mis nietas. Una fuente de vida, de felicidad, de alegría como jamás me imaginé que podía experimentar. Todo lo que afirme sobre esta vivencia es poco.

El *Quijote* y Cioran

AQUELLOS MESES FINALES DE 1996 EN WARWICK, como advertí antes, fueron de soledad y lectura. Fue entonces la primera vez que hice una lectura seguida del *Quijote*, a un ritmo de 100 páginas diarias, sin ocuparme de ninguna otra tarea que esta de leer, en el silencio acompañado de la biblioteca. Fue un «parteaguas» en mi vida. La aventura de Alonso Quijano es la de Sancho Panza, también. La constatación de que todos cambiamos a lo largo de la vida es epicéntrica: Sancho se quijotiza y Quijano se sanchiza en la relación que se anuda entre ellos. Ninguno pierde el núcleo de su personalidad, pero sus purezas dejan de estar inmaculadas. Además, es obvio que los extremos de la ramplona cordura sanchesca y la atrevida locura quijotesca viven dentro de nosotros, que estamos hechos de la tensión entre dos polos: Apolo y Dionisos. No es menos cierto que el polo dionisíaco es el que nos lleva a descubrir el mundo, es el polo imprudente, el del vino, el caos y la locura; mientras Apolo siembra sus estacas de sensatez y armonía. Para nadie es un secreto que el humor es dionisíaco y al Quijote se le salía por los poros. En aquellos 15 días de lectura incesante no recuerdo un día que no haya reído a carcajadas con sus disparates.

Por otra parte, la aventura de Quijano es la aventura del hombre en su dimensión psicológica. Quijano ve lo que nadie ve. Todo surge de las imágenes que observa, que son más reales que la realidad. Es cierto que vive en los bordes de la locura, pero no lo es menos que sin ella no habría relato, ni experiencia, ni nada, tan solo la vida sin imágenes de Sancho. Un cementerio de sensatez.

Además, a Quijano lo mueve la justicia, el saldar cuentas con el honor, con la dignidad, mientras que a Sancho lo mueve alcanzar un poco de holgura, siempre atascado en las estrecheces de la pobreza. Entre las parejas de la literatura universal, esta es la principal, no en balde da nacimiento a la novela psicológica moderna. He escrito varios apuntes sobre este libro al que vuelvo siempre. De esos apuntes extraigo estas líneas: «En verdad, La Mancha es el mundo, y los personajes que entran y salen en el teatro cervantino son la humanidad entera. Por ello es que el *Quijote* es un brillo de vida, que puede y debe leerse varias veces a lo largo de nuestro propio viaje. Cada vez que lo abordemos será distinto: es un espejo donde nos miramos el rostro. En él estamos todos».

Añado ahora que es una obra riquísima en su densidad psicológica, que es un tesoro para el espíritu, que no es una obra literaria a secas (de hecho, su escritura no es su mayor valor), que es una hoja de ruta, una de las indagaciones más prístinas que se han hecho de la psique. Confieso que me asombra lo poco que se recurre a sus fuentes hoy en día. Entiendo que el lenguaje es una dificultad, pero sospecho que tenerla como un «libro de aventuras» de «personajes literarios» la reduce a casi nada. Hay que leerla entre líneas, atendiendo a sus metáforas, a la elocuencia de sus imágenes, al fulgor de sus contrastes, a las revelaciones de su humor. No me canso de celebrarla. Concluyo con palabras mías: «En aquella aventura que emprende el dueto, como vengo insistiendo, vamos todos: entre la cordura y la locura. Después de todo, uno de los trámites más complejos que enfrenta el hombre es el de la relación con el mundo exterior. Pero aún más compleja es la negociación permanente que el individuo entabla consigo mismo».

En aquel año crucial para mí (1996), salió en español un libro que me ayudó a comprender a un filósofo al que había leído desde mediados de los años ochenta y no terminaba de hacerme un juicio claro sobre su obra. Me refiero a Emil Michel Cioran, el pensador rumano exiliado en París, autor de *Breviario de podredumbre*, *Silogismos de la amargura*, *La tentación de existir*, entre otros libros que había leído en sus traducciones al español, algunos años después de haber sido editados en francés. El libro se titula *Conversaciones* (1996). Las entrevistas cubren el arco que va de 1970 a 1994, un año antes de su muerte, ocurrida en París, a la avanzada edad de ochenta y cuatro años.

He vuelto a su obra con otros ojos y las resistencias que me presentó antes hoy no tienen lugar. Ha sido, pues, un reencuentro estimulante con un autor que no frecuentaba desde hacía tiempo. Comencemos por celebrar la devoción de Cioran por Shakespeare y por Dostoyevski; de este último afirma que ningún escritor ha llegado tan lejos en su conocimiento de Dios y del diablo, y en casi todas las conversaciones se emociona cuando habla del ruso. También lo hace cuando se refiere a Montaigne, a quien tiene como el único sabio que ha producido Occidente. Como vemos, el pesimista nos sorprende con sus fervores hasta el punto de confesar que a sus autores predilectos los relee incesantemente. A medida que avanzamos con la lectura nos topamos con un alma profundamente contradictoria: por una parte, afirma que la vida no tiene el menor sentido y, por la otra, festeja enamorado las obras que lo emocionan. Por una parte, está a favor del suicidio y, por la otra, es capaz de pasarse la vida leyendo memorias, biografías y toda aquella literatura donde la gente sea capaz de hablar de su vida. Pero, por supuesto, el filósofo tenía conciencia de sus contradicciones y, más bien, las ensalzaba. Le parecían una prueba de que no trabajaba para lograr un sistema coherente de pensamiento, una cárcel. Le huía a la universidad, a la posibilidad de ser profesor o de tener cualquier profesión respetable. No quería honores ni nada parecido a la vanidad, simplemente quería ser libre, quería no hacer nada importante. Pensaba, seriamente, que su mejor estado era la holgazanería, el no hacer absolutamente nada. Todo esto partía de la convicción de que nada tenía el menor sentido. Veamos por qué no se suicidó: «El del suicidio es un pensamiento que ayuda a vivir. Esa es mi teoría. Me disculpo por citarme, pero creo que debo hacerlo. He dicho que sin la idea del suicidio me habría matado desde siempre. ¿Qué quería decir? Que la vida es soportable tan solo con la idea de que podemos abandonarla cuando queramos. Desde nuestra voluntad. Ese pensamiento, en lugar de ser desvitalizador, deprimente, es un pensamiento exaltante» (Cioran, 1996: 73).

Y así fue para Cioran a lo largo de sus años. Lo animaba el anhelo de ver cómo el hombre avanzaba hacia su propia destrucción, su catástrofe inevitable: «Todo lo que el hombre hace se vuelve contra él: ese es su destino y la ley trágica de la historia. Todo se paga, el bien y el mal. Esa es la gran ironía de la historia como destino del hombre, que no consiste sino en corromperse» (Cioran, 1996: 123).

Como es obvio, le parecía que Occidente estaba inevitablemente en decadencia, le parecía una sociedad vieja y cansada que solo manifestaba sus estertores. Veía, hacia el futuro, las reservas de la juventud en Rusia, Alemania y América Latina, en cuanto a la esfera occidental. Pero creía que la escuela filosófica más avanzada era de Oriente. Decía: «Para mí, la escuela filosófica más avanzada, aquella, en todo caso, después de la cual ya no hay nada más que decir, es la escuela de *madhyamika*, que forma parte del budismo tardío, situado por los estudiosos aproximadamente en el siglo II de nuestra era» (Cioran, 1996: 56).

Más adelante explica que su fascinación por Nagarjuna, uno de los filósofos de la escuela, viene de que este hombre destruye todo, absolutamente todo. Pensaba que era la única forma de liberar al espíritu y al corazón y que después se lograría la luz. El capítulo del budismo en Cioran es importantísimo para comprender su visión del mundo. Esta es una de las claves que nos revela este libro. Veamos: «Durante mucho tiempo, me consideré budista. Lo decía, me jactaba, estaba orgulloso, hasta el día en que me di cuenta de que era una impostura. Incluso en el momento actual estoy de acuerdo con todas las observaciones negativas del budismo: no somos reales, todo es mentira, todo es falsa ilusión. Pero la vía que propugna el budismo me resultaba inaccesible. La renuncia al deseo, la destrucción del yo, la victoria sobre el yo. Si sigues apegado a tu yo, el budismo es una imposibilidad... Pero las soluciones que propugna Buda no son las mías, ya que no puedo renunciar al deseo. Yo no puedo renunciar a nada» (Cioran, 1996: 64-65).

En este párrafo se resumen las dificultades que tenemos los occidentales, incluso los abiertamente seducidos por el budismo, de acceder totalmente a su práctica. No podemos renunciar al deseo, a menos que renunciemos a todo, como los santos, o los místicos occidentales que sí lo han logrado. De lo contrario, qué podemos hacer. Escribir y luego publicar son unas prácticas innecesarias para el que ha alcanzado el nirvana, el que ha vencido a los demonios del deseo. Pero, aun siendo cierto que es imposible, no deja de ser verdad que el budismo ha influido enormemente en los últimos años. Sin ir muy lejos, ¿no está acaso invadido por el budismo el pensamiento de Cioran? Pues sí lo está y explica por qué nos resulta tan pesimista.

Ocurre que el budismo no alberga las categorías del éxito, la esperanza, el futuro, que nosotros cultivamos desde niños. Cuando Cioran trae, digerida, buena parte de los basamentos budistas y no lo manifiesta claramente, se crea el gran malentendido que se ha tejido sobre su obra. Entendámonos: Cioran detesta los sistemas. Lo que unas veces es de una manera, la próxima vez es de otra y esto, como sabemos, no es fácil de digerir para cierta lógica. Cioran practica el fragmento porque este le permite contradecirse abiertamente, sin remordimientos. Lo que una noche es así, la otra es distinto. Además, a nuestro filósofo la escritura no le viene sino por catarsis, para atacar lo que odia. En este sentido, Cioran es un epiléptico genial que busca la libertad a cualquier precio. De hecho, llevó una vida miserable en París, sobreviviendo como un parásito. No buscaba a Dios, pero cómo se parecía su vida a la de los santos. Se inmolaba por la libertad, aunque el concepto de inmolación le habría repugnado.

Santa Teresa de Ávila fue uno de sus fervores y el insomnio fue uno de sus mayores tormentos. En su juventud pasaba noches enteras sin poder conciliar el sueño, su madre se angustiaba y a él no le quedaba otra que deambular por las calles. De aquellas noches inalterables le vino el hábito de dirigirse a Dios, para luego negarlo. También de allí le vino una idea que jamás lo abandonó: el suicidio. Y de aquellas noches en blanco le vino una sensación sobre la que trabajó muchísimo: el tedio. Buena parte de su obra fragmentaria está consagrada a dialogar con él. Sentía una fascinación especial por España, le parecía que era el territorio de la locura y para ello le bastaba el *Quijote*. Cuando visitaba las tierras de

María Zambrano se le encendía el espíritu: le parecía un paraíso bendito por la alegría del ingenio más descabellado. Decía: «Uno de los sentimientos fundamentales del hombre es la envidia. En mi opinión, es el sentimiento más profundo y no podemos extirparlo» (Cioran, 1996: 213). Con todo y su visión cruda del mundo, aceptaba que la utopía era uno de los engaños que podían ayudar a soportar la existencia, pero el pensamiento utópico como tal le parecía cosa de imbéciles.

Fue amigo entrañable de Henri Michaux y de Samuel Beckett y, finalmente, admitía: «Escribir es la liberación interior». Por más que haya dicho que no se proponía nada con sus libros, la verdad es que son una fuente extraordinaria de sabiduría y enseñanza. El señor del tedio, del suicidio y del pesimismo estará siempre con nosotros; la vida no se cansa de darnos sorpresas. La lectura de este libro arrojó luz sobre el incomprensible Cioran: fue budista.

En 1997 comencé a colaborar semanalmente con el diario *El Nacional*. Cumplí con la columna durante trece años. La abandoné en junio de 2010. Todavía me asombra que haya podido mantenerla durante tantos años. Era un gran esfuerzo. Me cuesta mucho trabajo escribir. Desde que dejé la columna siento un gran alivio. Dejé de estar tácitamente obligado a opinar sobre infinidad de temas, muchos propios de los pantanos de la política, otros de efemérides venezolanistas, tanto históricas como literarias y artísticas. Pero a esto volveremos luego, en el estremecedor 2010.

En este 1997, además, me presenté al concurso que todos los años convocaba el Banco Central de Venezuela para optar a la Cátedra Andrés Bello en el Saint Antony's College de la Universidad de Oxford y perdí. Me dijeron que no me desanimara y que me presentara al año siguiente, optando al período académico 1999-2000. Eso hice y la obtuve. En agosto de 1999 llegamos Guadalupe, Eugenia, Cristóbal y yo a la casita 2A de la Hamilton Road en un recodo del paraíso en la tierra: Oxford. Mis obligaciones las cumplía en el Centro de Estudios Latinoamericanos del *college*, a unas cuantas cuadras de distancia. Por otra parte, entre 1997 y 1999 todas las semanas colaboraba con la revista *Primicia*, dirigida por Carlos Blanco, haciendo entrevistas semanales, reseñas de libros, comentarios de exposiciones. Era una actividad vertiginosa que me permitía tomarle el pulso al mundo cultural venezolano. También, colaboraba con la Contraloría General de la República, donde mi entrañable amigo Joaquín Marta Sosa dirigía la actividad cultural y editorial.

Una luz ecuánime nos acompaña:
Rafael López-Pedraza

ESTE AÑO ACADÉMICO EN OXFORD (1999-2000) lo dediqué íntegro a escribir *El coro de las voces solitarias. Una historia de la poesía venezolana* (2002), extensa y exhaustiva investigación que aún es la única historia de la poesía nacional que se ha escrito. Me sumergí en el mundo de los poetas, leí todas sus obras. Algunas las llevé en la maleta, otras las hallaba en la biblioteca Tayloriana o en la Bodleiana de la universidad, verdaderos tesoros bibliográficos que contienen casi todos los libros publicados en el mundo. Pero, de los poetas venezolanos que abrieron espacios recónditos en mi psique, ya nos referimos antes.

Lo más importante a los efectos que nos ocupan fue vivir en la cuna del espíritu liberal, el epicentro del respeto a los derechos individuales, de la tolerancia, de los mínimos gestos que hablan más que mil palabras. Supimos que estábamos en un reino superior cuando fuimos a inscribir a los niños en el colegio: no nos pidieron ni un solo papel, solo sus nombres completos. Nos dijeron que con la sola presencia de ellos bastaba. Cuando fui a inscribirme en la biblioteca para hacer uso de ella me dieron un carnet para abrir la puerta y el funcionario me pidió que me levantara y pusiera mi mano sobre la biblia y jurara que no me iba a robar ningún libro. En aquel acto sencillo y solemne se expresaba uno de los mayores valores de la cultura anglosajona: el amor a la verdad.

Fueron muchos los hallazgos personales en aquel año estelar: escribiendo la historia de la poesía venezolana advertí que mi vocación de historiador se abría paso acelerado de la mano de la investigación literaria. Eso marcó mi futuro. Y, también, en febrero de 2000, en unas vacaciones entre trimestre, viajamos a la India. Sin duda, el viaje que más ha influido en mi psique, de todos los que he hecho. Un dulce estremecimiento.

Se suele ir a Europa a visitar las ruinas de un pasado irremediablemente perdido; en India la alucinante realidad pasada es presente y es futuro. Todos los tiempos juntos en un vértigo de elefantes, camellos, motos, millones de personas en convivencia natural con los animales y una vida que discurre en la calle, donde literalmente ocurre todo, en medio de olores intensos, especias, colores encendidos y el ruido de las cornetas. ¿Pobreza? Muchísima. ¿Violencia en las calles? Poquísima en relación con el volumen de gente.

El hinduismo es mayoritario, el budismo, el mahometanismo y el cristianismo mucho menores en número e intensidad. Muchos dioses, dioses en todas partes. Una vida vinculada con la divinidad de manera callejera, cotidiana. Una insistencia cultural incesante en la práctica de la paz, la paz, la paz. Un evidente esfuerzo por construir una sociedad democrática que pase la página de las castas. Un desconcertante sentido del tiempo, como si no existiera en los términos de Occidente. No en balde en los palacios de los marajás que visitamos había grandes relojes de pie y de pared regalados por mandatarios occidentales, como señalando una urgencia, una carencia: el tiempo es oro.

La India es el otro mundo, realmente. No olvidemos que tanto el cristianismo, como el mahometanismo y el judaísmo, son religiones monoteístas, mientras que el hinduismo es tanto politeísta como monoteísta. En este sentido, es más distinto para nosotros que el mahometanismo y el judaísmo, de allí que todo el oxígeno cultural que se respira en India es otro, es el de la pluralidad politeísta encaminada hacia la creencia en un solo Dios. El viso autoritario del monoteísmo está ausente. Por supuesto, el autoritarismo toma otros cauces, pero el de la autoridad única que pretende un

Dios único e infalible está ausente. Creer en muchos dioses y creer en uno solo es ponerse de pie ante la vida de manera radicalmente diferente. Eso se percibe en el ambiente una vez que bajas del avión: hay algo distinto que no sabes qué es, y es esto que señalo.

Aquella multitud de dioses me llevó a pensar que griegos y romanos no se sentirían ajenos al mundo de Agra, de Jaipur, de Delhi, acostumbrados como estaban a la divinidad politeísta. En cambio para nosotros, católicos, aquella diversidad inclinada naturalmente hacia el árbol de la tolerancia es un espectáculo maravilloso. No estoy incurriendo en una idealización. Sé que la realidad india tiene aspectos terribles, pero también sé que la manera de enfrentar la vida desde la aceptación de los designios de la divinidad estructura otras psicologías personales y colectivas, asistidos por la creencia en la reencarnación.

En aquel 2000 hicimos otro viaje significativo. Fuimos a Egipto. Un prodigio de ruinas faraónicas, la belleza del Nilo y sus riberas fértiles, el fascinante caos cairota, pero un clima humano que lejos de representar una grata sorpresa se acercaba al desagrado. En especial por la manera como los hombres se relacionan con las mujeres. Es algo que para nosotros es un cortocircuito de alto voltaje. Algo repugnante. De más está decir que entendemos que se trata de una cultura distinta, pero nuestros instintos nos llevan a pronunciar una mueca de malestar en la cara. El contraste India-Egipto no pudo ser mayor.

Regresamos a Caracas en agosto del 2000. El año nos había cambiado a todos. Especialmente a mis hijos, que entonces tenían 14 y 12 años. Regresé con varios proyectos. Cursar un posgrado (no había seguido ninguno), y me inscribí en una especialización en Gerencia de Comunicaciones Integradas en la Unimet. Obtuve el grado en el 2002. También traje un propósito que fue anidando en las bibliotecas de Oxford ante la presencia de su obra: entrevistar a Arturo Uslar Pietri, quien entonces tenía 94 años y estaba de despedida. En esa tarea estuve entre agosto y diciembre de 2000, junto con las clases que retomé en la Unimet y la iniciación de una idea que se materializó en la Fundación para la Cultura Urbana, institución que fundé y presidí por 10 años, hasta el 2010, por invitación del presidente de Econoinvest, Herman Sifontes, la empresa que ejercía eficiente tutelaje sobre la fundación. Este regreso y los diálogos con Uslar ocurrieron junto con la lectura sistemática de la obra de un autor central del que me ocuparé en las líneas que siguen: Rafael López-Pedraza.

Antes, confieso que dialogar con un hombre al final de una larga vida de intenso trabajo, como fue la de Uslar, fue una lección pletórica de moralejas. No llegaba «el viejo Uslar» satisfecho al final de sus días, sentía que había arado en el mar venezolano, que su prédica no había cundido. Por otra parte, su mujer había muerto, su hijo Arturo se había suicidado años antes, solo le quedaba su hijo Federico, quien al igual que su hermano no tuvo descendencia. Uslar era un hombre solo. En gran medida incomprendido por muchos, admirado por legiones y querido verdaderamente por menos gente de lo que se puede imaginar. Era agnóstico. De modo que ninguna fe podía mitigar la tristeza de su final. No estaba deprimido, pero tampoco advertía un horizonte. Estaba en el «ajuste de cuentas», que fue como titulé el libro de conversaciones con él.

A mi regreso hallé a mi querido amigo Juan Liscano mal de salud. Tenía 85 años y presentía la llegada de la muerte. Una tarde recibí una llamada de Juan pidiéndome que lo llevara a despedirse de Arturo, así me dijo. El relato de ese encuentro está en mi biografía de Liscano. Reproduzco los párrafos: «Una tarde de comienzos de febrero de 2001, me pidió que lo llevara a casa de Arturo Uslar Pietri, quien se encontraba muy mal de salud, con un cáncer avanzado. El poeta había llamado antes anunciando nuestra visita. Ya Uslar no podía bajar las escaleras hacia la planta baja de su casa, de modo que subimos hasta el pequeño salón entre las habitaciones de su residencia de La Florida. Lo hallamos leyendo un diario vespertino con una gigantesca lupa y unos anteojos desproporcionados. Se alegró mucho al vernos, y de inmediato comenzó un diálogo de pesadumbres por la situación nacional entre los dos viejos venezolanos. La conversación era difícil: Uslar casi no oía a sus noventa y cuatro años, y a Liscano casi no le salían las palabras, como si el ánima se le estuviese apagando en el pecho.

Yo intentaba suplir las carencias traduciéndole a Uslar lo que decía Liscano, alzando la voz. En un momento en que el poeta pidió la sala de baño, Uslar me comentó que veía muy mal a su amigo, y cuando íbamos de regreso en el automóvil hacia su casa, Liscano me dijo que Uslar estaba en sus últimos días. Era cierto; falleció el 25 de febrero de 2001. Lo que Liscano ignoraba era que él se iría primero.

»Cuatro días después de la visita al viejo patriarca de La Florida, Liscano perdió el sentido y cayó al suelo en el baño de su apartamento, en las Colinas de San Román. Fue internado en terapia intensiva en el Hospital Urológico y el diagnóstico era complejo, ya que se habían acumulado muchas deficiencias de diversos órganos de su cuerpo. Fui a visitarlo y me permitieron entrar al ambiente helado de la terapia intensiva, suerte de frigorífico de donde se sale al calor de la vida o se asciende hacia la muerte. Estaba inconsciente, auxiliado por aparatos que lo mantenían vivo, pero ya desnudo como para el viaje final. Me despedí de él. A los tres días murió. El calendario señalaba el 16 de febrero de 2001. Contaba ochenta y seis años» (Arráiz Lucca, 2008: 107-108).

Aquel encuentro fue muy hermoso. Eran dos hombres muy distintos que, sin embargo, se apreciaban mucho. Uslar era apolíneo, Liscano dionisíaco. Uslar con una vida signada por el orden y la estructura, Liscano por otra acentuada por la pasión y la curiosidad espiritual. Ambos eran agudamente trabajadores y radicalmente venezolanos. Caraqueños, ambos. Aún siento una deuda con mi amigo Rubén Monasterios, quien me ha instado a que escriba una obra de teatro basada en este diálogo y con estos dos personajes. Pero volvamos a nuestro río central.

Había leído de Rafael López-Pedraza *Hermes y sus hijos* (1981), *Ansiedad cultural* (1987) y *Anselm Kiefer: la psicología de «Después de la catástrofe»* (1996). Como vemos, tres obras con largos intervalos. La eclosión del autor ocurre en los últimos años de su vida, cuando publica cada dos años un libro: *Dionisos en exilio* (2000), *Sobre héroes y poetas* (2002), *De eros y psique* (2003), *Artemisa e Hipólito: mito y tragedia* (2005), *4 ensayos desde la psicoterapia* (2006) y *Emociones: una lista* (2008). Cada libro publicado provocaba mi lectura y anotaciones. Su lenguaje fue limpiándose notablemente en el camino hacia el final. Las rugosidades del idioma que hallamos en los tres primeros desaparecen para presentarse una suerte de diafanidad del pensamiento y la lengua.

Más allá del lenguaje, la coherencia de las ideas de López-Pedraza traza una línea perfecta desde su primer libro hasta el último. Ya en el ensayo *Ansiedad cultural* trabaja el tema del monoteísmo y el politeísmo en Occidente y cómo esta tensión es central para nuestra psicología. Recuerda a Borges para poner el dedo en la llaga: la Biblia es un libro oriental que se yergue como epicentro de la cultura occidental. Afirma el autor: «Yo diría que la psique occidental siempre ha vivido en la ansiedad provocada por el conflicto constante entre las mitologías paganas –los numerosos dioses con sus imágenes diferenciadas– y el Dios único y carente de imagen del monoteísmo. Es una ansiedad que surge de un conflicto de culturas. Por lo tanto, siempre ha existido lo que yo me atrevería a llamar una *ansiedad cultural*. Los conflictos más profundos del hombre son culturales, algo que la psicología no puede eludir» (López-Pedraza, 1987: 39). Luego, López-Pedraza apunta la consecuencia inmediata de la estructura monoteísta: la culpa, esta lo orienta, lo articula, lo determina. Imposible entendernos sin acudir a ella. Hacia el final de este iluminador ensayo, el autor confiesa su temor acendrado hacia el monoteísmo, después de admitir que gracias a nuestro sincretismo religioso el politeísmo tiene expresión profunda y variada. Es decir, vivimos un monoteísmo matizado en extremo, mezcla de España y el Caribe, del barroco latinoamericano, que nos permite movernos entre dos extremos: el monoteísta ortodoxo y el politeísta tramado por el sincretismo. Sobre este asunto pivotal vuelve una y otra vez López-Pedraza a lo largo de su obra. De más está decir que suscribimos su importancia.

En el mismo libro esplende un ensayo titulado «Conciencia de fracaso», donde el psicoterapeuta se adentra en las bondades de la depresión como estadio creativo. Trabaja la poesía de Rafael Cadenas, que en este particular es honda y vasta. Afirma: «Los movimientos lentos de la depresión son vía, y lo podemos decir hoy sin la más mínima duda, son *via regia*; la única vía regia hacia cualquier cosa que llamemos creatividad. Creatividad en cuanto que crea el alma y se expresa en eso que llamamos arte, arte que tiene que ver con el alma» (López-Pedraza, 1987: 106).

La lectura que hace López-Pedraza de la obra plástica de Kiefer es notable en su sesgo psicoanalítico. No debe extrañarnos: para los junguianos la obra de arte, como expresión de la imagen, es también expresión onírica, del inconsciente. Afirma el psicoanalista: «Su obra apunta a un lugar donde la psique se mueve profundamente y hace posible esa exploración psicológica que recompensa por igual al espectador que se aproxima a ella desde la psicología, como desde la historia de las artes y las ideas» (López-Pedraza, 1998: 89). Su cuarto libro, *Dionisos en exilio*, es una verdadera joya acerca de la figura mitológica de Dionisos y fue el que me conectó profundamente con el autor, a quien lamentablemente apenas conocí. Intercambié algunas palabras en diálogos fortuitos en librerías donde coincidimos. He debido acercarme al maestro personalmente. Lo hice a través de su palabra escrita.

Dionisos es el Dios oculto: el de las mujeres, el del vino, el de las emociones, el de la tragedia y la muerte. Sobre todo por esta última cercanía es que ha sido el Dios más reprimido de nuestro tiempo, cuando la muerte es algo que se niega, que se minimiza, que se lamenta con vergüenza. Son muchas las observaciones luminosas de López-Pedraza en el estudio dionisíaco. Cito algunas: «El hombre occidental, en particular, ha tenido mucha dificultad en aceptar su vida interior… el ser humano no fue formado para la vida interior; por lo que esta siempre será la aventura de unos pocos, de aquellos para los que la extraversión propia del ser humano es, por igual, un conflicto y un reto» (López-Pedraza, 2000: 46-47).

Me interesó mucho el apunte del analista cuando señala que Andalucía y el flamenco son un ámbito y una expresión dionisíaca, así como encuentra en el jazz a Dionisos en el siglo XX. Advierte cómo la misa rociera llena de emoción un sacramento lúgubre como el de la misa católica tradicional, gracias al sincretismo que en ella anida. Mezcla de griegos, gitanos, árabes tomados por el Dios de las emociones. Los pasajes donde trabaja el vínculo entre Dionisos y la depresión son iluminadores, así como las páginas dedicadas a la vejez, a la ausencia de indagaciones psicoanalíticas profundas sobre esta etapa de la vida. Señala que la vejez es la etapa de la vida centrada en el cuerpo, mientras la juventud lo obvia porque este siempre responde. Es verdad, el cuerpo se hace presente y reclama en la vejez, antes pareciera no existir. Lo que existe es lo que reclama atención. Esta presencia ineludible del cuerpo en la vejez es la que lleva a López-Pedraza a afirmar que la vejez es el tiempo de Dionisos, cosa que para quienes no sigan su discurso puede resultar asombroso. Otra joya: «Hoy, podemos conjeturar que toda la alharaca que hizo la psicología en torno a la sexualidad, así como la fijación en ella, fue una manera inconsciente de reprimir a Dionisos» (López-Pedraza, 2000: 94). Cierto, la misma operación que ha hecho el catolicismo en relación con el cuerpo: reprimirlo, invisibilizar a Dionisos. La verdad, es un estudio brillante, de gran resonancia interior que, francamente, me parece superior a su sexto libro, *De eros y psique*. No puede ser de otra manera, este último es el producto de sus clases en la Escuela de Letras de la Universidad Central de Venezuela grabadas, transcritas y editadas, mientras que *Dionisos en exilio* es un estudio. Se nota la diferencia.

Su quinto libro, *Sobre héroes y poetas*, está compuesto por tres ensayos que tocan temas neurálgicos. En «Sobre el tema de la identidad latinoamericana» López-Pedraza apunta que esta se da a través del mito del héroe: lamentable creencia común en el continente. Advierte tres capas del mito: el que anidó en los conquistadores, que se prolongó durante la conquista y colonización del territorio; el que insufló el espíritu de la generación independentista, con Bolívar a la cabeza (con Napoleón en el corazón), y un tercero de nuestros tiempos, conocido especialmente por los venezolanos. De modo que quienes nos incorporaron a Occidente padecían de imaginación heroica; quienes nos independizaron igual. En esta primera etapa del ensayo apunta: «Aprender de lo inconsciente en uno es la base de la psicología junguiana. Y aquí la demanda sería aprender del héroe que todos llevamos dentro» (López-Pedraza, 2002: 21). Al mito del héroe presente desde el comienzo de la conquista se suma, según López-Pedraza, el símbolo de la aparición de la Virgen, adoptado en muchos lugares del continente (Ciudad de México, Maracaibo) con apariciones locales, pero no se detiene en el estudio de la Virgen sino que vuelve al mito central: el héroe. Y, naturalmente, lo vincula con el *puer*, con el adolescente. Afirma: «Al igual que la ideología que movió a los héroes de las guerras independentistas, y como toda ideología, la de los héroes actuales es de gran estrechez mental y, en cualquier caso, es empleada desde la confusión adolescente que históricamente somos» (López-Pedraza, 2002: 32). Sobre este tema contamos con otro libro luminoso e indispensable para comprender el fenómeno, me refiero a *La herencia de la tribu* (2009), de la también psicoterapeuta (y narradora) Ana Teresa Torres. De hecho, Torres profundizó específicamente sobre este tema del héroe y la tribu bolivariana con mayor abundancia.

No se le escapa a López-Pedraza que el primer libro de la cultura occidental es *La Ilíada*, que es el relato de la vida de un héroe, y sobre el atributo arquetipal de este libro, muy distinto a la Biblia, que es un libro oriental (Borges *dixit*), el autor apunta en la diana: «Quisiera mencionar, por último, mi apreciación de que el héroe no crea riqueza (y, desde luego, no crea cultura). Prefiere apropiársela, como nos enseña Homero. En efecto, es imposible imaginar a Aquiles al frente siquiera de una fábrica de aceite de oliva. El héroe estima además que el trabajo lo denigra. Obedece a la tradición medieval de fantasía caballeresca… Tengámoslo en cuenta como metáfora esencial, pero a sabiendas de que lo que abunda es el gobernante héroe de turno en la tarea de apropiarse de la riqueza que olvida propiciar la creación de riqueza y cultura» (López-Pedraza, 2002: 34). Grandes resonancias de fondo tiene el párrafo anterior para los venezolanos. Imposible no citarlo con deleite.

Por último, ya desde el pensamiento psicoanalítico junguiano, señala López-Pedraza que el proceso de individuación, esencial para el desarrollo pleno de la personalidad, «significa no identificarse con nada ni con nadie». ¿Es posible ver al mito del héroe que anida en nosotros como algo distinto a una carencia adolescente? Difícilmente.

Luego, teje el autor otro ensayo vinculado con el anterior, «Héroes y poetas», y estudia el caso patético del gran poeta José Antonio Ramos Sucre: un hombre herido en su psique por la madre y el tío sacerdote. Este texto es limpio y esclarecedor sobre el nudo gordiano de la personalidad del poeta cumanés, sorprendentemente unida al mito del héroe como epicentro familiar (los Sucre Alcalá) y colectivo. Finalmente, vuelve sobre uno de sus temas solares en el tercer ensayo: «El monoteísmo en Occidente». Nos recuerda que el monoteísmo occidental nos llega por conducto del pueblo judío, que a su vez lo metabolizó en Oriente, y que la Biblia es un libro esencialmente oriental. Distingue entre el monoteísmo genuino y el ideológico, y previene sobre este último. Aclara que «el monoteísmo trinitario católico ofrece a la Virgen como mediadora y la presencia de un sincretismo característico» (López-Pedraza, 2002: 74). Se alarma ante la «total indiferencia frente a cualquier otra cultura» que manifiesta el islamismo, llegando a reprimir todo lo que no sea Islam. También se alarma con el fundamentalismo cristiano norteamericano y lo compara con el islámico, señalando que ambos proyectan la maldad en el otro. Se trata, sin la menor duda, de unos ensayos centrales en el pensamiento de López-Pedraza.

En *Artemisa e Hipólito: mito y tragedia*, el autor se adentra en un tema que lo seduce: la incorporación de la mujer al mundo en Occidente. Revisa el arquetipo artemisal, el virginal, tan caro al catolicismo. También revisa el conflicto de Hipólito «entre lo carnal de Afrodita y lo virginal de Artemisa». Desestima, una vez más, la importancia que se le ha dado a lo sexual en nuestro tiempo. Lamenta la inexistencia de una cultura de la depresión en la vida moderna, así como otra acerca de la muerte. Advierte que el puritanismo hipoliteano llevado al extremo deviene en misoginia. Con este estudio, nuestro autor da otra vuelta de tuerca sobre sus temas predilectos. En *4 ensayos desde la psicoterapia* no estamos ante los mejores textos de López-Pedraza. Son los más exteriores que le he leído, se asoma a los asuntos, no bucea en sus predios.

El último libro de López-Pedraza publicado en vida, sospecho que hay póstumos, fue *Emociones: una lista*. Parte de la lista aristotélica para añadirle las suyas. Es un libro hermoso. Apunta el valor terapéutico de vivir la depresión y no huirle, aunque no lo dice tal como lo estoy verbalizando. Por supuesto, no se refiere a la depresión en niveles crónicos, pero sí a aquella que es necesario experimentar para permitir que se produzcan movimientos psíquicos importantes. Esto lo juzgo central, ya que la tendencia actual es combatir la depresión a toda costa y por cualquier medio, cuando en verdad vivirla forma parte de lo que la psique requiere. ¿De qué sirve huirle, adormecerla, violentar su curso? ¿Qué se gana con esta estrategia del avestruz? Nada. Por lo contrario, se pierde la oportunidad de que la psique se acerque al equilibrio. Por otra parte, sorprende que el psicoterapeuta confiese que los celos, dada su rabiosa irracionalidad, son la emoción que más articula movimientos psíquicos. También señala que su trabajo como psicoterapeuta se basa en las emociones. Es decir, todo el universo de la condición humana que en el hombre occidental ha estado reprimido por la cultura judeocristiana. Menuda tarea.

Hasta aquí la obra de López-Pedraza. Sin duda, un factor esencial para mi indagación interior. Hicimos una larga digresión, pero indispensable por los asuntos que toca el autor, tan suyos como nuestros. Dos obsesiones temáticas de López-Pedraza me resultan esenciales: la insistencia en la importancia de la dupla monoteísmo-politeísmo como dilema príncipe de la cultura occidental y el gran cambio histórico de nuestro tiempo: la incorporación de las mujeres a todas las esferas de la vida social y, añado yo, la feminización consecuencial del mundo, metamorfosis que está en pleno desarrollo. Aunque a primera vista parecieran cambios exteriores, no es así: son cambios que se articulan desde la psique.

Un cambio de paradigma llamado Elizabeth Kübler-Ross

Estos años iniciales del nuevo siglo, como dije antes, sentí la necesidad de estudiar otra vez. Después de la especialización en Gerencia de Comunicaciones Integradas cursé la maestría en Historia de Venezuela en la UCAB. Me gradué *summa cum laude* en 2006 y de inmediato seguí hacia el doctorado en Historia, doctorándome en 2010, en la misma universidad. Diez años de estudios formales completaron mi formación académica y me entregaron un placer que no obtuve plenamente cuando estudié el pregrado: ir a clases como quien va a una fiesta, investigar dominado por un fervor cercano a la delicia. Fueron años preciosos en este sentido y en muchos otros. La Fundación para la Cultura Urbana, creada en 2001, me tomó en volandas hasta junio de 2010, cuando nos fuimos a vivir a Bogotá. También fueron estos los años de concepción y puesta en marcha del Centro de Estudios Latinoamericanos Arturo Uslar Pietri (Celaup) en la Unimet, por designación expresa del presidente del Consejo Superior de la universidad, el ingeniero Hernán Anzola. Abrimos sus puertas en 2006 y allí estuve conduciéndolo hasta 2010, también. En la tarea me acompañó mi amigo entrañable de tantos años Edgardo Mondolfi Gudat, quien para entonces ya era profesor en la Unimet.

Esta década de mi vida fue intensa y preciosa. Trabajé sin cesar, sin pausa, afanosamente en varios frentes: estudiante, profesor, gerente cultural, gerente académico, el día no me alcanzaba para todo lo que tenía que hacer. El cuerpo y la psique, como era de preverse, pasaron sus facturas. En 2001 me diagnosticaron hipertensión arterial en grado más que leve y menos que severo. En todo caso, desde entonces no puedo vivir sin los medicamentos que me la controlan y, la verdad, me he acostumbrado a ellos totalmente. Al año siguiente publiqué *Plexo solar* (2002), el poemario más acabado que he escrito. En la década anterior di a conocer *Batallas* (1995), *Poemas ingleses* (1997) y *Reverón, 25 poemas* (1997). Con *Plexo solar* presentía, como en efecto ocurrió, que no tenía casi nada más que decir en poesía y que, en paralelo, mi libido creadora se estaba mudando con todos sus instrumentos hacia el ensayo histórico, dejando de lado, incluso, el literario. En 2011 publiqué en Bogotá *Un bonzo sobre la nieve* y me despedí de la poesía, como sospechaba que iba a ocurrir. Pero estamos en 2002 y *Plexo solar* está en las librerías y siento que allí está lo mejor que puedo dar para la poesía. Todavía lo creo así.

Del 2002 al 2010 concentré mis esfuerzos académicos en el estudio del pasado, como señalé antes, pero no es ese el eje de estas líneas que redacto. Tampoco lo son mis tareas como asesor de Editorial Arte y la Editorial Criteria, ni mi breve desempeño como vicepresidente editorial de la revista *Zeta* y el diario *El Nuevo País*, durante el 2002, por invitación de Rafael Poleo. Por lo contrario, la lupa la vengo colocando en todo aquello que no forma parte del mundo exterior, pasado o presente, sino en lo que está fuera de la luz del día, silencioso y oculto tras las enramadas.

El 2007 recibí una oferta extraordinaria de parte del editor Leonardo Milla. Quería crear en Alfa, la editorial que fundó su padre, Benito Milla, en 1958 en Uruguay, y que él hizo crecer durante años en Venezuela, ahora dirigida por su hijo, Ulises Milla, una biblioteca de autor (Biblioteca Rafael Arráiz Lucca) en la que se iría publicando toda mi producción. Fue una emoción muy grande. Lo sentí como lo que es: un reconocimiento a mi trabajo. Hasta el 2017 se han publicado 14 títulos, siempre cuidados por el profesionalismo de Ulises (y su ojo para el diseño gráfico), junto a la corrección de pruebas de mi muy querida amiga Magaly Pérez Campos, quien cuida mis libros como si fueran suyos. Vayamos al encuentro de la doctora Kübler-Ross.

El tema de la muerte seguía tocando mi puerta y ya no me bastaba la visión budista tibetana. Busqué entonces experiencias occidentales y di con una autora esencial, una verdadera autoridad sobre el asunto: Elizabeth Kübler-Ross, una psiquiatra suiza cuyas investigaciones sobre la muerte las desarrolló en hospitales de los Estados Unidos. Autora de varios libros sobre la materia, dio a conocer su trabajo con *Sobre la muerte y los moribundos* (1969): un sacudón importante sobre la concepción occidental de la muerte. A este título le siguieron 20 más hasta el momento de la muerte de la doctora Kübler-Ross, en 2004. Confieso que si *El libro tibetano de la vida y de la muerte* cambió mi visión de la muerte, los trabajos de la psiquiatra suiza incidieron sobre mis ideas, enriqueciéndolas todavía más.

Recordemos que la doctora Kübler-Ross llegó a documentar cerca de 20 mil entrevistas con pacientes que habían tenido la experiencia de la muerte y habían regresado, constituyendo el mayor banco de datos sobre la materia («el umbral de la muerte») del que se tengan noticias. Pero a los efectos de este ensayo, es su autobiografía la que nos interesa particularmente: La rueda de la vida. Escrita en 1997, siete años antes de morir, recapitula toda su experiencia profesional y espiritual a partir de su intensa relación con la muerte y los moribundos. Recordemos que su investigación ocurre en los Estados Unidos, un país donde la práctica hospitalaria condena a la soledad a los enfermos y esto, paradójicamente, le permitió a la doctora estar cerca de moribundos y de quienes pasaron «el umbral de la muerte» y regresaron, disponiendo de todo el tiempo requerido para acompañarlos. La doctora pasó horas y horas escuchando estas experiencias sin que nadie interrumpiera los relatos, porque no había nadie cerca, como es práctica habitual en los hospitales norteamericanos.

El punto de inflexión del libro lo constituye la señora Schwartz, una participante en los seminarios de experiencias cercanas a la muerte que dirigía la doctora Kübler-Ross. La señora Schwartz relató la experiencia de haber salido de su cuerpo mientras la operaban y vio la intervención quirúrgica desde el techo del quirófano, como flotando en una esquina. Bajó a tocar a uno de los médicos mientras la operaban, pero no ocurría nada, era como un fantasma, evanescente. Desistió de su intento y sintió perder el conocimiento. Los médicos la dieron por muerta y la taparon respetuosamente con una sábana. Había perdido todos sus signos vitales. Tres horas después entró al quirófano una enfermera a retirar el cadáver de la señora Schwartz y la encontró viva. Esto fue lo que vino a relatar la sobreviviente en el seminario.

Al final del relato, afirma la doctora Kübler-Ross: «La historia de la señora Schwartz me acosó durante semanas, porque yo sabía que lo que le había ocurrido no podía ser una experiencia única. Si una persona que estuvo muerta era capaz de recordar algo tan extraordinario como los esfuerzos de los médicos por revivirla después de que perdiera las constantes vitales, entonces era probable que otras personas también pudieran recordarlo... si mi corazonada era correcta, pronto abriríamos la puerta a una faceta totalmente nueva de la condición humana, todo un conocimiento nuevo de la vida» (Kübler-Ross, 2011: 215).

Pocos años después del testimonio de la señora Schwartz, la doctora Kübler-Ross pensaba que su trabajo con los seminarios en el hospital había terminado. El reverendo Gaines, con quien se entendió de maravillas durante años, había renunciado y en su lugar estaba el reverendo sustituto, que no entendía nada de lo que se investigaba (padecía una severa sordera) y, naturalmente, su incomodidad era creciente. La doctora decidió renunciar y así intentó decírselo al nuevo reverendo cuando esperaban el ascensor; entonces no pudo pronunciar palabra, ya que una presencia etérea llamó su atención. El reverendo nuevo se fue en el ascensor y ella fue invitada a ir a su oficina por la presencia etérea, sumamente amable. Al cerrar la puerta de la oficina pudo comprobar que se trataba de la señora Schwartz, que había muerto y estaba bajo tierra desde hacía diez meses.

La señora Schwartz le dijo que no abandonara el seminario, que apenas estaban comenzando sus hallazgos. La doctora Kübler-Ross se sintió cerca del pánico con lo que estaba viviendo. Pensó que había enloquecido. Tuvo el instinto de pedirle a la señora Schwartz que le escribiera una nota al reverendo Gaines; si lo hacía quedaría la prueba de que ella no había alucinado con su aparición. Desconcertada, la doctora Kübler-Ross fue recobrando la serenidad y la señora Schwartz desapareció después de su mensaje. Salió a buscarla por los pasillos, no había nadie. Kübler-Ross comprendió el mensaje y no dejó su trabajo. Le envió por correo la nota manuscrita al reverendo Gaines, relatándole lo ocurrido.

Es cierto que todavía faltaba mucho por hacer, pero no lo es menos que entre el reverendo Gaines y la doctora Kübler-Ross en los primeros años de la década de los 70 realizaron 20 mil entrevistas a personas que habían experimentado la muerte y habían regresado, como dijimos antes, y que esta información arrojaba unas constantes, unas exactas repeticiones que la doctora Kübler-Ross dejó por escrito. En una primera fase, «las personas salían flotando de sus cuerpos... la persona salía volando como la mariposa que sale del capullo, y adoptaba una forma etérea... en esta primera fase experimentaban también la salud total; por ejemplo, una persona que estaba ciega volvía a ver, una persona paralítica podía moverse alegremente sin dificultad» (Kübler-Ross, 2011: 236). De esta primera fase, las miles de personas con quienes hablaron el reverendo y la doctora de lo único que se quejaban era de no haber continuado muertas.

En la segunda fase se presentaba otra constante. Afirma Kübler-Ross: «Todas las personas entrevistadas recordaban que en esta fase se encontraban también con sus ángeles guardianes, o guías, o compañeros de juego, como los llamaban los niños. Explicaban que los ángeles eran unas especies de guías, que las consolaban con amor y las llevaban a la presencia de familiares o amigos muertos anteriormente. Lo recordaban como momentos de alegre unión, conversación, puesta al día y abrazos» (Kübler-Ross, 2011: 237).

En la tercera fase eran guiados por sus ángeles de la guarda hacia lo que todos describen como un túnel o una puerta o un paso de montaña, pero en todos los casos ese paso terminaba al ver una luz brillante, encequecedora, maravillosa, que los llenaba de bienestar. Todos describen que esa luz los envolvía en un sentimiento arrollador de amor, de amor incondicional. Dice la doctora: «Después de escuchar a millares y millares de personas explicar este mismo viaje, comprendí por qué ninguna quería volver a su cuerpo físico» (Kübler-Ross, 2011: 237-238).

En la cuarta fase todos refieren hallarse ante la Fuente Suprema. «Algunos la llamaban Dios, otros decían que simplemente sabían que estaban rodeados por todo el conocimiento que existe, pasado, presente y futuro, un conocimiento sin juicios, solamente amoroso... Experimentaban la unicidad, la totalidad o integración de la existencia... Se les hacía ver que las vidas de todas las personas están interrelacionadas, entrelazadas, que todo pensamiento o acto tiene repercusiones en todos los demás seres vivos del planeta, a modo de reacción en cadena... En esta fase se les preguntaba a las personas: ¿qué servicio has prestado?» (Kübler-Ross, 2011: 238-239).

Luego, señala la doctora Kübler-Ross como corolario: «La conclusión básica que saqué de todo esto, y que no ha cambiado, es que todos los seres humanos, al margen de nuestra nacionalidad, riqueza o pobreza, tenemos necesidades, deseos y preocupaciones similares. En realidad, nunca he conocido a nadie cuya mayor necesidad no sea el amor. El verdadero amor incondicional» (Kübler-Ross, 2011: 238-239).

Si bien es cierto que para el reverendo Gaines las experiencias relatadas por los que regresaron de la muerte no han debido sorprenderlo, ya que el cristianismo alberga a la vida eterna como un dogma de fe, para la doctora Kübler-Ross, formada dentro de los parámetros de la ciencia, fue una enorme sorpresa. La condición científica de la doctora le añade a este trabajo de investigación un valor adicional, ya que no se trata de una indagación de «unos esotéricos» propensos a creer en cualquier misterio sino de una rigurosísima psiquiatra suiza, en las antípodas de creencias fundamentadas en la fe. En lo personal, confieso no tener dudas sobre la veracidad de la investigación y tampoco sobre la autenticidad de sus resultados. Es decir, creo que las constantes halladas en los miles de entrevistados son ciertas y también creo que la doctora comenzó a recibir testimonios de todas partes del mundo sobre la misma experiencia, como ella afirma. No obstante, cabe una observación que no cambia el fondo del asunto: las cuatro fases constantes pueden ser una construcción de la psique. Dicho de otra manera: la psique responde a la experiencia de la muerte de manera similar en todos los seres humanos, con mínimos matices culturales. ¿El hecho de ser una construcción de la psique le resta veracidad a la recurrencia de la experiencia? No, por lo contrario, señala aún más la universalidad de la experiencia, porque pareciera que se trata de lo que Jung definió como un arquetipo, en este caso un arquetipo de la experiencia que anida en el inconsciente colectivo, también definido por Jung.

Otro hecho de gran relevancia que arrojan las constantes halladas es lo vivido en la cuarta fase cuando «experimentaban la unicidad, la totalidad o integración de la existencia... Se les hacía ver que las vidas de todas las personas están interrelacionadas, entrelazadas, que todo pensamiento o acto tiene repercusiones en todos los demás seres vivos del planeta, a modo de reacción en cadena» (Kübler-Ross, 2011: 238). ¿No es «la unidad, la integración, la interconexión» de todos los elementos lo que proclaman todas las religiones del mundo? ¿No es la unidad la obra de Dios y, su contrario, la fractura, la del diablo? ¿No es la interconexión un principio taoísta y budista? ¿No es un Dios único en el que todo se reúne un dogma cristiano e hinduista? ¿La conclusión a la que llega la doctora Kübler-Ross acerca del amor incondicional no es el epicentro de todas las religiones del mundo? Pues sí, todas proclaman el amor de Dios como absoluto, como eterno, como incondicional, como el corazón de todo.

En relación con la unidad, conviene citar un párrafo del *Evangelio* apócrifo de Tomás, el número 22, en él se lee: «Jesús les dijo: cuando de los dos hagáis uno y cuando hagáis lo de adentro como lo de fuera y lo de fuera como lo de dentro y lo de arriba como lo de abajo y de lo masculino y lo femenino hagáis uno, para que lo masculino no sea masculino ni lo femenino sea femenino, cuando hagáis ojos en vez de un ojo y una mano en vez de una mano y un pie en vez de un pie y una imagen en vez de una imagen, entonces entraréis en el reino».

Un libro anterior de la doctora Kübler-Ross, *La muerte: un amanecer*, donde se recogen tres conferencias, es precedido por un prólogo de Magda Catalá donde se lee: «Nunca antes la humanidad había tenido ocasión de saber de la muerte y de la vida después de la muerte de la manera en que hoy, gracias a Elizabeth Kübler-Ross, nos es posible. Hasta hace muy poco los conocimientos que la doctora Ross pone al alcance de todos los que quieran escucharla eran un saber "oculto", accesible solo a través de la fe de los creyentes o a los estudiosos de los textos sagrados tibetanos o la más compleja literatura esotérica occidental» (Kübler-Ross, 2012: 9). Al menos hasta donde mis conocimientos alcanzan, esto es cierto. Como apunté antes, la primera vez que abrevé en un texto luminoso sobre la muerte fue en *El libro tibetano de la vida y de la muerte* de Sogyal Rimpoché. Luego, en la obra de la tanatóloga Kübler-Ross: un verdadero monumento sobre el tema.

En una de las entrevistas que concedió la doctora a lo largo de su vida, afirmó algo con tal claridad y sencillez que lo reproduzco ahora: «La muerte es solo un paso más hacia la forma de vida en otra frecuencia... El instante de la muerte es una experiencia única, bella, liberadora, que se vive sin temor y sin angustia» (Kübler-Ross, 2012: 18). Insisto, a esta conclusión llegó una rigurosísima científica suiza después de 20 mil entrevistas documentadas, no era una iluminada hindú, ni una esotérica *New Age*. Tampoco era particularmente creyente cuando comenzó su investigación. Por supuesto, imposible que no estuviese tocada por la divinidad después de esta dilatada experiencia tanatológica.

Años después de la lectura de los libros de la doctora Kübler-Ross, en diciembre de 2014, llegó a mis manos otro libro testimonial en perfecta correspondencia con todo lo anterior. Me refiero a *La prueba del cielo*, del doctor Eben Alexander (1953), escrito en 2012. El doctor Alexander es un neurocirujano que ha ejercido en excelentes hospitales universitarios norteamericanos, entre ellos el de Harvard. Un mal día su cerebro fue atacado de manera masiva por una bacteria *E. coli* y entró en coma, teniendo lo que en jerga médica se llama una ECM (experiencia cercana a la muerte) y permaneciendo en terapia intensiva al borde de la muerte durante siete días. Milagrosamente, despertó del coma y superó por completo el trance: el libro relata esta experiencia y cómo cambió de manera radical el enfoque que el doctor Alexander tenía del funcionamiento del cerebro y de la existencia de la conciencia. El propio Alexander explica su situación: «Cuando perdí el conocimiento era un médico secular que había pasado toda la carrera en algunas de las instituciones científicas más prestigiosas del mundo, tratando de comprender las conexiones entre el cerebro humano y la conciencia. No era que no creyese en la conciencia. Simplemente, estaba convencido de la práctica improbabilidad mecánica de que existiese de manera independiente» (Alexander, 2013: 199). Es decir, de acuerdo con la ciencia occidental, no es posible que la conciencia exista al margen del cerebro. Dicho de otra manera: sin el cerebro en funcionamiento, no hay absolutamente nada.

Más adelante, Alexander vuelve sobre el tema neurálgico y afirma: «El auge del método científico basado únicamente en el reino de lo físico, un proceso característico de los últimos cuatrocientos años, representa un problema de primera magnitud: hemos perdido el contacto con el profundo misterio que reside en el centro de la existencia, nuestra conciencia. Era algo que (bajo nombres distintos y expresado a través de diferentes maneras de ver el mundo) conocían bien y sostenían todas las religiones premodernas del mundo, pero que perdimos en nuestra cultura secular occidental a medida que sucumbíamos a la fascinación por el poder de la ciencia y la tecnología modernas» (Alexander, 2013: 203). Pues sí, suscribimos todas las palabras de Alexander y creemos como él que los avances de la ciencia desde la perspectiva del método científico han sido grandes y muy beneficiosos para la humanidad, pero al avanzar con premisas exclusivamente científicas hemos dejado de lado aspectos que no encajan dentro de los parámetros del método cartesiano, y estos son extremadamente valiosos. Este es el punto al que hay que atender, y lo interesante de esto es que son dos científicos occidentales quienes nos llaman la atención: Kübler-Ross y Alexander; ambos nos hablan desde el epicentro de la ciencia occidental: los prestigiosos hospitales norteamericanos vinculados con excelentes universidades. Coinciden, obviamente, con lo que los monjes budistas tibetanos saben desde hace siglos, habiendo llegado a esto por caminos distintos al método científico occidental.

El aporte central del doctor Alexander en este libro es el de advertir la existencia de la conciencia independientemente del funcionamiento del cerebro. Nada menos. Y esto lo afirma un neurocirujano, para quien es imposible admitirlo desde los parámetros de la ciencia. Su segundo libro, *El mapa del cielo*, publicado en 2015, abunda sobre los temas del primero y recoge muchas cartas recibidas con motivo de la edición del primero. Es sumamente valioso en este sentido, pero no en cuanto a lo tratado en el primero. No siempre las segundas partes son mejores que las primeras.

Si la lectura de *El libro tibetano de la vida y de la muerte* incidió en cómo la muerte hace eco en mí, los trabajos de la doctora Kübler-Ross y del doctor Alexander son una vuelta de tuerca importante sobre el tema. El primero te ayuda a no temerle, a aceptarla, los segundos están convencidos de que lejos de ser un final, la muerte es el inicio a una nueva vida. Sobre esto último quisiera estar tan convencido como ellos, pero albergo dudas. Sobre lo que no tengo dudas es sobre la fascinación que producen en mí estas investigaciones científicas sobre la vida después de la vida. Pareciera que la psique construye un puente entre un estadio y otro. ¿Será que nos resulta intolerable imaginar que después de vivir no hay nada más? ¿Y quién dice que por ser construcciones de nuestra propia psique son menos reales los descubrimientos de Kübler-Ross y Alexander?

La enfermedad es el camino, según Rüdiger Dahlke

A MEDIADOS DE LA DÉCADA, al concluir la maestría en Historia de Venezuela, me enfrasqué en un proyecto que me llevó años: la escritura de una historia política de Venezuela desde 1498 y hasta nuestros días, en tres tomos sucintos, bajo el paraguas de las historias breves que tan útiles son para estudiantes y lectores en general. El Centro de Estudios Latinoamericanos Arturo Uslar Pietri de la Universidad Metropolitana abría sus puertas (2006), la Fundación para la Cultura Urbana continuaba su camino productivo y yo comenzaba el doctorado en Historia de la UCAB. Fueron tiempos de mucho trabajo, preciosos. Mi río interior, por su parte, seguía su curso. Entonces, me adentré por nuevos caños.

La aproximación a lecturas sobre la naturaleza de la muerte, que referí antes, me llevó a interesarme vivamente por la enfermedad y, en un viaje a México en el 2006, di con un libro iluminador sobre este trance del hombre. Me refiero a *La enfermedad como camino. Un método para el descubrimiento profundo de las enfermedades*, de Thorwald Dethlefsen (psicólogo y director del Instituto de Psicología Experimental de Múnich) y Rüdiger Dahlke (doctor en Medicina y psicoterapeuta). Lo primero que salta a la vista es la concepción que tienen de la enfermedad y la muerte. Afirman: «Si el hombre comprendiera la grandeza y dignidad de la enfermedad y la muerte, vería lo ridículo del empeño de combatirla con sus fuerzas» (Dahlke, 2005: 21). Y más adelante añaden: «La enfermedad es un estado que indica que el individuo, en su conciencia, ha dejado de estar en orden o armonía. Esta pérdida del equilibrio interno se manifiesta en el cuerpo en forma de síntoma… El síntoma nos informa que algo falla. Denota un defecto, una falta. La conciencia ha reparado en que, para estar sanos, nos falta algo. Esta carencia se manifiesta en el cuerpo como síntoma… La enfermedad no tiene más que un fin: ayudarnos a subsanar nuestras "faltas" y hacernos sanos» (Dahlke, 2005: 22).

Como vemos, la concepción de la enfermedad es completamente distinta a la habitual. Lo dicen mejor los autores con sus palabras: «La enfermedad no es un obstáculo que se cruza en el camino, sino que la enfermedad en sí es el camino por el que el individuo va hacia la curación» (Dahlke, 2005: 24). Este es el paradigma que los autores desarrollan en el libro. Fascinante y esperanzador. La enfermedad deja de ser un enemigo y pasa a ser un puente hacia la salud. Otro punto de vista.

Se extienden en la consideración de la enfermedad como una expresión de la polaridad, mientras que la salud es manifestación de la unidad del ser. Afirman que la vida es ritmo (inhalación y exhalación) y que si se interrumpe el ritmo concluye la vida. Entienden la anatomía del cerebro, dos partes unidas por el tallo, como expresión de la polaridad a ser resuelta, y señalan que al usar un solo lado del cerebro dejamos de lado el otro, el que nos permite completar nuestra visión del mundo. La racionalidad es la mitad, la otra mitad es la conciencia. Reiteran que todo camino de sanación pasa por el abandono de la polaridad y la asunción de la unidad. En todo esto siguen a Jung, cuando propone la incorporación de la sombra a la personalidad. Negarla es confinarla al inconsciente y desde allí se expresará de alguna manera. Por ello, nos recuerdan que para que exista el bien es necesario el mal, para que esplenda la luz es necesaria la oscuridad.

Son muchos los pasajes de este libro que hacen eco en nuestra conciencia. Es un libro central, sin la menor duda. Recojo estas dos oraciones: «La enfermedad hace curable al ser humano. La enfermedad es el punto de inflexión en el que lo incompleto puede completarse. Para que esto pueda hacerse, el ser humano tiene que abandonar la lucha y aprender a oír y ver lo que la enfermedad viene a decirle» (Dahlke, 2005: 78). Aprender a oír y ver lo que la enfermedad viene a decirle. Esto es en otras palabras: humildad; y esta es presupuesto esencial del aprendizaje, evidentemente. En verdad, el libro es un cambio de paradigmas en relación con la enfermedad: esta deja de ser un enemigo a combatir, como si se tratara de una batalla, para pasar a ser una mensajera a la que es necesario escuchar y entender.

He seguido con la lectura de otros libros de Dahlke, siempre valiosos, pero ninguno como este inicial que transmite la fuerza de una posición colindante con el ánimo de un descubrimiento. Confieso haber leído este libro varias veces porque cada vez que lo leo me parece más claro y más complejo. Tengo la sensación de que a los autores les faltan palabras para advertir lo que ya se ha prefigurado en sus conciencias. Quizás por eso en pasajes del libro hay afirmaciones que no son suficientemente explicadas desde la perspectiva de la ciencia. No obstante, lo agradecemos, ya que nada ganaríamos si los autores se hubiesen abstenido de afirmar lo que después les resultó muy difícil de explicar hasta agotar los argumentos. Además, no podemos olvidar que el paradigma que trabajan es radicalmente distinto al imperante. Ellos dicen: «El ser humano es un enfermo» –y luego advierten– y la enfermedad lo conduce hacia la curación. Esto es muy distinto al axioma imperante: «El ser humano es sano» y a la enfermedad hay que vencerla para devolverle su condición saludable. Dicho de otro modo, para los autores la enfermedad es un aldabonazo y una aliada esencial de la curación, mientras para lo imperante es un enemigo a vencer en una batalla. De hecho, todos los días escuchamos decir: «Fulano perdió su batalla contra el cáncer». Sin duda, una visión absurda. El cambio de paradigma propuesto por estos psicoanalistas alemanes es demasiado radical, escandaloso, como para no ser un libro incómodo, fascinante, imposible de pasar por alto.

En este año 2006 conocí un caso extrañísimo que no sé cómo interpretar, pero que bien podría estar en el ámbito del desequilibrio, de la enfermedad en el sentido de camino hacia la curación que propone Dahlke. Entonces, habíamos podido comprar un pequeño apartamento en la isla de Margarita y comenzamos a ir varias veces al año. Una amiga nos llevó a conocer a una señora que padecía los estigmas de Cristo. Un horror que padecía esta mujer que ni siquiera llevaba una vida religiosa para cuando se le presentó este fenómeno, el mismo que padeció el padre Pío en Italia y, entiendo, lo padecen un puñado de personas en el mundo. Es un caso fenomenológico más que espiritual, ya que la señora con quien conversamos en repetidas oportunidades no entendía por qué le había tocado a ella semejante padecimiento. No era particularmente devota. Por lo contrario, se había ido a vivir a Margarita porque le gustaba jugar en los casinos.

A este fenómeno estremecedor que le tocó padecer se sumó otro hecho inexplicable: después de la primera vez que le vinieron los estigmas de Cristo y padeció los dolores del Vía Crucis y la crucifixión, se le impuso la necesidad de pintar a la virgen del Valle, la famosa «Vallita» de los margariteños. La señora no era pintora, ni tenía la más mínima formación en esta área. Sin embargo, pintó su primera obra: el rostro de la virgen según su libre interpretación. Colocó la pintura de la virgen del Valle en la pared de la floristería que regentaba en Porlamar y un buen día la virgen comenzó a llorar lágrimas negras. Por supuesto, la floristería pasó a ser el santuario de la Virgen y ahora hay peregrinaciones para ver la imagen, que ya está encofrada en una caja de vidrio bajo la protección de la autoridad eclesiástica de La Asunción y, con frecuencia, llora. De modo que no solo la señora padece los estigmas de Cristo de manera súbita e imprevista, sino que montó un negocio para vivir y se tornó en un santuario que no le deja ni un centavo.

Después del llanto de la Virgen, y entre un brote de estigmas y otro, la señora entra en trance y la Virgen le dicta mensajes a la humanidad a través de ella. Ella los transcribe y los reparte en papelitos a los devotos que van a ir a ver a la Virgen que llora. Todo esto que parece realismo mágico ocurre, aunque los escépticos no lo crean, y la señora se pregunta todos los días por qué ella, si ella lo que quería era llevar una vida tranquila, jugando en el casino por las tardes. En todo caso: ¿qué hacemos con esta historia? Es inútil negarla. No se trata de una fantasía. ¿Qué significa? La explicación que da cierto sector de la Iglesia católica, la que tiene el fenómeno como una bendición que le tocó en gracia a la señora, pues lejos de vivirlo como una bendición, la señora lo vive como una pesadilla. La autoridad eclesiástica tomó el control de la Virgen que llora y documenta el caso, supongo que como un hecho sobrenatural. En relación con los estigmas de Cristo que la señora padece, pues a las autoridades, eso me dijeron, les parece perfectamente posible, ya que hay unos cuantos casos documentados en la historia. Lo más que pueden hacer es acompañar a la señora cuando se presenta el fenómeno que, por cierto, puede durar días con distintas ráfagas de intensidad, tanto del dolor como de la sangre que brota.

La señora pintó nuevas vírgenes (ya ha pintado y vendido muchas) y tiempo después algunas de estas imágenes comenzaron a producir escarcha y los lugares donde están se llenan de esta suerte de lluvia dorada inexplicable que maravilla (y aterra) a sus propietarios. La señora se tuvo que ir de Margarita para poder llevar una vida mínimamente tranquila. Se fue a San Antonio de los Altos y los estigmas siguen abatiéndola de manera imprevista, sin una regularidad establecida. Pueden pasar meses entre un brote y otro.

No es una historia bonita. Es trágica. Incluso más, da miedo. Cualquier creyente se pregunta: ¿por qué Dios somete a semejante dolor a una persona inocente? ¿Qué quiere decirnos Dios con estos fenómenos extraños, en los que alguien, escogido al azar, revive cada cierto tiempo el calvario de Cristo? También algún creyente puede preguntarse: ¿será que es obra del demonio y no de Dios? Yo no sé qué pensar de estos fenómenos, salvo que no son gratos, que son injustos con quien los padece, que son sobrenaturales, imposibles de explicar desde la ciencia. Pero, la verdad, es que no sé qué hacer con ellos. Confieso mi perplejidad, mi desconcierto. Mi intuición me dice que en esto hay algo que no va, que no está bien, pero más allá de esto quedo a la espera de alguna explicación convincente. En suspenso. Contemplando el misterio.

Hacia otra etapa y Paramahansa Yogananda

Los años finales de la primera década del siglo XXI coinciden con mi aproximación a los 50 años. Los cumplí el 3 de enero de 2009 en Buenos Aires. Ese diciembre hicimos un viaje en barco con la familia extendida por el sur de América. Fue un viaje inolvidable para mí. Me seducen hasta el delirio los barcos, las travesías prolongadas, y esta supuso el paso por los fiordos chilenos, los glaciares argentinos y el estrecho de Magallanes. La noche de año nuevo tuve la exacta intuición de que el año 2010 mi vida cambiaría radicalmente. No me equivoqué.

Mis tareas gerenciales académicas en la Unimet estaban llegando a un punto culminante. Había fundado en el 2006 el Centro de Estudios Latinoamericanos Arturo Uslar Pietri y cuatro años en el timón ya eran suficientes. Para entonces, la Fundación para la Cultura Urbana contaba diez años de nacida y estaba listo para cederle el paso a otro, pero no tomaba ninguna de las dos decisiones y seguía impulsado por la inercia y por la alegría que produce ver caminar a instituciones creadas por uno. Entonces, la providencia tomó decisiones por mí, como veremos luego.

El extraordinario mitólogo Joseph Campbell trabaja en sus libros este tema del retiro a mitad de la vida, y refiere con frecuencia a Jung, quien naturalmente también profundiza en el asunto. En uno de los mejores libros de Campbell, *En busca de la felicidad*, nos recuerda la práctica común en la India según la cual un hombre que ya ha criado a sus hijos y se acerca a los 45 años, se considera que ha cumplido con sus labores sociales, que su deuda con la sociedad a la que pertenece ha sido saldada, y se interna en el bosque para no regresar jamás. Va ahora a saldar su deuda con el espíritu, con la psique. Por supuesto, en India la espiritualidad fue epicéntrica y se tomaban medidas extremas, pero, *mutatis mutandi*, en Occidente estamos llamados a hacer lo mismo, pero con otras prácticas. Para la etapa final de la vida, cuando las deudas con la sociedad han quedado en azul, se impone ocuparnos de asuntos interiores pendientes. ¿Si no se hace entonces, cuándo?

Con el paso del tiempo he comprendido que no lo hice por mi propia voluntad, aunque mi psique me decía que ocurriría de cualquier modo, y el destino tomó la decisión por mí y me tuve que ir de Venezuela por tres años, a vivir en una ciudad propicia para estos descensos hasta el fondo de la psique a encarar a nuestros propios demonios: Bogotá. Allí estuve entre septiembre de 2010 y junio de 2013. Antes, pasé tres meses en Miami, donde comenzaron a ocurrir cambios sustanciales en mi visión de la realidad. Salí de Venezuela en mayo de 2010, un día después de defender mi tesis doctoral en Historia en la UCAB, y llegué a Barcelona de España a participar en un homenaje en la Academia de Bellas Letras de Cataluña a don Pedro Grases, con motivo del centenario de su nacimiento. De allí volé a la Florida y permanecí tres meses buscando trabajo y no lo hallé. Fue entonces cuando surgió una oportunidad en Bogotá y Guadalupe y yo volamos a las alturas de la cordillera Oriental.

Estando en Miami la mano de Dios hizo de las suyas. Desde hacía años me escribía una señora semanalmente comentándome mis artículos en *El Nacional* y, también, cuando salían mis libros. No la conocía personalmente, pero fungía como una suerte de ángel de la guarda cibernética, protectora, cariñosa. En aquellos días aciagos me escribía a diario para saber de mí, de cómo llevaba el trance del extrañamiento, del destierro, y sus palabras eran reconfortantes. Yo estaba sumido en una depresión de gran calado que, con frecuencia, me impedía levantarme de la cama. En aquellas condiciones me escribió una tarde, como siempre lo hacía, y me preguntó si había leído *Autobiografía de un yogui*, de Paramahansa Yogananda. Le respondí la verdad: «No, y ni siquiera sé muy bien quién es Yogananda», le contesté. Me dijo: «Me dicen al oído que busque el libro, que es importante que lo lea». Le dije que sí, me levanté de la cama y me fui a una de las pocas librerías que hay en aquel desierto de autopistas que es Miami. En efecto, quedaba un ejemplar.

No es fácil describir el efecto que produjo en mí este libro. A veces tenía la impresión de estar leyendo una novela fantástica, pero sacudía la cabeza y volvía a la realidad de Yogananda. El prefacio del libro era de uno de los orientalistas más destacados del mundo, el profesor del Jesus College de Oxford W.Y. Evans-Wentz, de quien había leído su clásico *El gran yogui Milarepa del Tíbet*, toda una autoridad sobre la materia. Los primeros capítulos de la autobiografía de Yogananda no nos preparan para lo que viene después, cuando el joven va en busca de sus maestros y los va hallando uno por uno, y cada uno es más sorprendente que el otro. Vamos entonces aclimatándonos, como occidentales que somos, a un mundo donde la racionalidad es vencida por lo sobrenatural. Todo es extraño y de imposible ocurrencia. Todos sus maestros tienen algo en común: buscan adentro de sí mismos, bucean en las profundidades de ellos mismos. El mundo exterior es un dato absolutamente menor, con una importancia subalterna. Todos buscan estar cerca de la fuerza única de la divinidad. Siendo de raíces culturales hinduistas, no son politeístas en el sentido clásico: buscan a un solo Dios que se expresa por distintos canales, pero la búsqueda está enfocada en la unicidad divina. Todos profesan fe en la meditación como camino hacia la divinidad, y su búsqueda pasa por una suerte de disolución del ego, que permite la imantación de la luz divina en los espacios que estuvieron ocupados por lo accesorio.

Autobiografía de un yogui me llevó a leer toda la obra de Yogananda: en su mayoría libros que recogen sus conferencias en los Estados Unidos y Europa. Todos iluminadores, pero ninguno como este texto central del que intento decir algo. Reviso mis apuntes en los márgenes del libro, reviso lo que subrayé y una voz casi inaudible me dice al oído que no escriba nada, que no se puede decir nada sin profanar el texto. Es extraño, finalmente la voz inaudible me sugiere que escoja una sola cita, una sola, extensa. Eso hago:

La antigua técnica yoga convierte la respiración en mente. Por medio del desarrollo espiritual, nos capacitamos para comprender el hecho de que la respiración no es sino un concepto mental, un acto de la mente, un sueño.

Se pueden ofrecer muchos ejemplos acerca de la relación matemática que existe entre la frecuencia respiratoria del hombre y las variaciones en sus estados de conciencia. Una persona cuya atención esté completamente enfocada en el proceso de un argumento intelectual complejo, o tratando de ejecutar una acción de tipo físico, delicada o difícil, automáticamente respira con lentitud. La fijación de la atención depende de una respiración lenta; en cambio, las respiraciones rápidas y arrítmicas están acompañadas inevitablemente por estados emocionales dañinos, como el temor, la ira, la concupiscencia, etcétera. El inquieto mono respira un promedio de 32 veces por minuto, en contraste con el hombre, quien, por término medio, respira 18 veces por minuto. El elefante, la tortuga, la víbora y otros animales notables por su longevidad tienen una frecuencia respiratoria mucho menor que la del hombre. La tortuga gigante, por ejemplo, que puede alcanzar la edad de 300 años, respira únicamente 4 veces por minuto.

El efecto rejuvenecedor del sueño se debe a que el hombre pierde temporalmente la conciencia de su respiración y de su cuerpo. Cuando duerme, el hombre se convierte en yogui; inconscientemente, celebra noche a noche el ritual yoga de liberarse de la identificación con su cuerpo, fundiendo su energía vital con las terapéuticas corrientes de la región principal del cerebro y los seis subdinamos de los centros espinales. Así, sin saberlo, durante el sueño el hombre se ve recargado por la energía cósmica de la cual depende toda vida (Yogananda, 2008: 347-348).

La lectura de toda la obra de este sabio hindú abrió otras puertas para mí. La sed ya estaba aposentada en mi garganta. Quería saber más de aquel mundo de iluminados y santos de la India que Yogananda recogía en su libro, ya clásico. Así fue como los textos de Ramiro Calle que estaban en los anaqueles esperaban por mi voracidad lectora.

Antes de continuar regresemos a las líneas iniciales de este capítulo, donde refiero lo dicho por Campbell acerca de lo que hacen los hindúes a los 45 años. Por su parte, Jung cree que esta crisis ocurre por el encuentro con la sombra, esa categoría tan importante en su corpus psicoanalítico. Según Jung, pasamos la mitad de nuestras vidas batallando con el mundo exterior y logrando un lugar allí, con base en la formación de un ego saludable, hasta que alcanzamos el éxito. Una vez ocurrido esto, alrededor de los 45 o los 50 o cuando lo alcancemos, estamos listos para pasar a otro estadio. Esta nueva etapa no está signada por los codazos para conseguir un lugar en el mundo, sino por apartarnos de ese mundo y replegarnos para bajar hacia aguas más profundas de la personalidad. Por supuesto, si no hemos alcanzado a dominar el mundo exterior, al punto que ya no represente un conflicto, no tiene caso que la sombra se presente y nos invite a bajar a las aguas más profundas del pozo. No puede ocurrir, según Jung, porque estamos todavía resolviendo temas de la superficie.

En lo personal, lo que ocurrió conmigo fue que el destino me apartó del mundo exterior con el que ya había cumplido y me llevó hacia otros desafíos, y no hay otro desafío que el de la interioridad. A eso fui invitado, y mi psique lo sospechaba claramente aquel 31 de diciembre de 2008 cuando me advertía que vendrían grandes cambios en mi vida. Tuve que irme de mi país, tuve que arrancarme del suelo donde mis raíces son centenarias, robustas y profundas. Por supuesto, no solo valió la pena, sino que quedé liberado de muchas ataduras vinculadas con el mundo exterior. Me liberé de ellas, pasé a otra experiencia. Según Jung, en esta etapa de la vida, la segunda y final, es cuando el proceso de individuación puede darse. En la primera no es posible. En pocas palabras, la búsqueda de la segunda mitad de la vida es radicalmente diferente de la primera.

Por supuesto, el proceso de individuación junguiano apunta a que todos estamos llamados a cumplir con un destino. Ese destino está prefigurado en líneas gruesas y vive dentro de nosotros y llegar a alcanzarlo es individuarse. El obstáculo más consistente en ese camino es la sombra, siempre según Jung, como aludí antes.

Pero no puedo terminar este capítulo sin regresar a quien le dio origen: Yogananda. Sigo sin comprender a cabalidad cómo me ha tocado su vida y obra, pero sé que lo ha hecho profundamente. Entiendo que *Autobiografía de un yogui* es de los libros que más ha influido en mis cambios de la segunda mitad de la vida, pero algo me dice que sus enseñanzas no han concluido para mí, que seré su discípulo por mucho tiempo más. En estos días que corren fue así, vi un documental sobre su vida y obra y quedé tocado otra vez por este gurú extraordinario, por este santo de la India.

De las muchas citas que podría escoger para cerrar este pasaje, escojo una sola, una que siempre está dándome vueltas: «El misterio de la vida y de la muerte, cuya solución constituye el único propósito de la existencia humana en la Tierra, está íntimamente ligado a la respiración. Conquistar la respiración significa conquistar la muerte. Comprendiendo esta verdad, los antiguos *rishis* de la India enfocaron sus esfuerzos en descifrar esta única clave, la de la respiración, desarrollando así una ciencia racional y precisa para alcanzar ese estado de suspensión del aliento. Si la India no dispusiese de obsequio alguno que ofrecer al mundo, a excepción del *Kriya Yoga*, este constituiría, por sí solo, un presente digno de reyes» (Yogananda, 2008: 696). La respiración, entonces, allí está todo. No en balde es el camino elemental con el que nos iniciamos en la meditación. Seguir el paso del aire, atender su tránsito. Respirar.

Ahora sí, vayamos hacia la puerta de la casa de Ramiro Calle.

Ramiro Calle: un puente entre Oriente y Occidente

EN LOS PRIMEROS DÍAS DE SEPTIEMBRE DE 2010 nos instalamos en un pequeño apartamento en el norte de Bogotá, cerca de la sinagoga. Comenzaba otra etapa en mi vida académica. Todo estaba listo para comenzar a enseñar en la Universidad del Rosario, en el centro de la metrópolis de 9 millones de habitantes. Mientras organizaba la asignatura de Historia de Venezuela que me solicitó el Observatorio Venezolano de la legendaria casa de estudios (fundada en 1653), continuaba con mi «otra búsqueda». Tenía a Ramiro Calle en el radar y las librerías de Bogotá se prestaban para hallarlo.

Que Calle ha consagrado su vida a la búsqueda de la auténtica espiritualidad de la India es algo que los atentos a estos temas no ignoran. En más de ciento veinte viajes al subcontinente ha entrevistado a centenares de lamas, *swamis*, yoguis, bonzos, gurúes y demás seres excepcionales. Quizás por eso afirma con tanta contundencia que Osho y Sai Baba no son de los verdaderos, que son de los que han hecho de sus singularidades un espectáculo y, según Calle, nada más alejado de la autenticidad que hacer un acontecimiento público de algo estrictamente individual. Esto le responde don Ramiro al exsacerdote jesuita Vicente Ferrer: «No me gustan los gurús de masas y menos los milagreros. Una vez lo vi en Bombay [Sai Baba] y ya querría él tener tu energía» (Calle, 2010: 100). Luego, en conversación con Pío Filippani-Ronconi, dice: «Otros, como Osho, poseen un conocimiento enciclopédico, pero son un grave atentado con su conducta contra la verdadera espiritualidad» (Calle, 2010: 275).

Su libro *Conversaciones con yoguis* (2010) se convertirá en un clásico de la entrevista en el mundo espiritual de India, de esto no tengo la menor duda. Suman 51 conversaciones sostenidas a lo largo de muchos años de peregrinaje por pueblos, bosques, cuevas y desiertos, a donde don Ramiro ha ido a buscar la voz de los yoguis. Todas tienen valor, pero algunas llevan a buscar lápiz para subrayar lo afirmado. Me adelanto a señalar que las opiniones suelen ser contradictorias, lo que habla de la libertad y la fuerza de esta cultura espiritual. Veamos las sustanciales.

La conversación con Swami Muktananda confirma que la búsqueda de soledad y silencio que articula el yogui no se debe a un deseo de huir del mundo; por lo contrario, se trata de una manera de acercarse a los demás. Dice Muktananda: «Viviendo en sociedad, con una práctica sistemática, avanzando gradualmente, uno puede alcanzar la perfección. Ya viva en una cueva o en un bosque, un yogui no debe volver la espalda a la gente, porque ello solo lo haría insensible y brutal. Cuando el yogui obtiene la visión beatífica de su propia realidad y retorna a la sociedad, descubre que esa misma realidad está en todos los demás, y consecuentemente no se sentirá incómodo entre la gente. Debe poseer amor fraternal por la humanidad y ver a la sociedad como la familia de Dios» (Calle, 2010: 37).

Por su parte, Swami Chidananda cree que los estados negativos son consecuencia de la ausencia de los positivos, por ello hay que cultivar estos últimos. El miedo es ausencia de valor; la depresión es ausencia de alegría; la angustia es ausencia de paz. Y esa paz interior es la que Swami Ritajananda cree que es buscada por el hombre, ya que es esta «la única que hace feliz al individuo, y no la búsqueda de los placeres externos». En esto hay coincidencia absoluta entre los 51 entrevistados: la máxima aspiración es la serenidad, la paz interior. Para alcanzarla hay que vencer el miedo, que es su gran enemigo, para ello Ritajananda prescribe la meditación y la concentración, así como el fortalecimiento de un ideal en la vida: «Si perseguimos nuestro ideal con verdadera tenacidad y entusiasmo, todo obstáculo será superado, incluso el miedo» (Calle, 2010: 152).

Swami Bhavyananda va más allá y nos regala un párrafo redondo, precioso, todo un decálogo para la vida plena. Afirma: «Para obtener paz y serenidad interior debemos practicar estas tres cosas: primero, hay varias fuerzas latentes en nosotros que, una vez despiertas, son enemigos reales, como el deseo, la ira, la codicia, la ilusión, los celos y otras. Son fuerzas, reacciones que pueden salir al exterior. Una persona que desee adquirir paz tiene que aprender a mantenerlas bajo control. En segundo lugar, todos nosotros debemos vivir y trabajar en este mundo y, puesto que tenemos que hacerlo, debemos aprender a vivir armoniosamente con los demás. En casa están los primeros niveles de trabajo; allí debe uno tratar de expresar su armonía, simpatía, servicio, aprecio, honestidad, veracidad. Tales valores deben aplicarse primeramente en el contexto de la familia, para que vayan enraizando dentro de uno y en el propio subconsciente. En tercer lugar, hay que aprender a adiestrarse en la tranquilidad, la reflexión y la meditación. Si podemos practicar estas cosas, todo lo que nos resulte posible, podremos conseguir una actitud de paz» (Calle, 2010: 174-175).

Uno de los temas más inquiridos por Calle es el del apego. Naturalmente, se trata del epicentro de la espiritualidad oriental. Swami Vishnudevananda afirma que el apego es la fuente del dolor y hay que adiestrarse en el desapego. Dice que será sabio aquel que vive en el mundo sin estar en el mundo, y apela a una imagen elocuente, la del loto que sobresale por encima del agua. Añade que el sabio no elude sus obligaciones, sino que las cumple sin dejarse encadenar por ellas. Por su parte, Swami Tilak enfrenta el tema por otro camino y nos recuerda que no tiene sentido apegarse a nada porque todo cambia, todo el tiempo. Alude a las olas del mar para hacernos entender cómo es la vida. Y concluye en que nadie intentaría aferrarse a las olas; igual debe pasar con la existencia y sus elementos.

Swami Chaitanyananda Saraswati introduce otro elemento: el vínculo entre el miedo y el apego, y cómo el liberado de ambos no experimenta temor cuando va a morir. Cita a Cristo y a Sócrates como ejemplos de grandes almas que murieron sin sentir miedo. Swami Subrotananda, por su parte, advierte que el apego y el desapego son como las mareas que suben y bajan, y que al comprender que la vida es así el hombre puede liberarse.

Sobre la alimentación se pronuncian varios yoguis. Escojo lo dicho por Swami Vishnudevananda: «Hay que abstenerse de carne, pescado y huevos. La cebolla y el ajo son muy negativos» (Calle, 2010: 106). Baba Shibananda solo bebe leche, come vegetales y toma té. Por su parte, Calle afirma que hay unanimidad entre los yoguis sobre las bondades de la leche, el yogur, los frutos secos, frutas, vegetales, quesos frescos y sobre lo perjudicial de las especias y los picantes.

En distintas ocasiones, Calle pregunta por la separación de la mente del cerebro, y de Swami Shantananda recibió esta respuesta: «Es un fenómeno común que ocurre durante el sueño. El cuerpo sutil se separa del físico y puede deambular por diferentes lugares, y algunas personas poseen la capacidad de hacerlo a voluntad» (Calle, 2010: 69). Swami Krishnananda va más allá y le señala: «En los estados muy avanzados de yoga puede separarse el cuerpo sutil del físico e incluso materializarse con el propósito de realizar diferentes trabajos» (Calle, 2010: 85).

Concluyo con una cascada conceptual de Madam Sharma: «No merece la pena preocuparse, nunca. Ocuparse, sí; preocuparse, no. Equilibrio, equilibrio. Mediante el equilibrio la visión es clara. Si la visión es clara, hay armonía. Si hay armonía, hay paz interior. Si hay paz interior, hay amor» (Calle, 2010: 361). Por último, consigno el escepticismo de Calle con sus propias palabras: «No creo que el Oriente actual pueda servirnos de modelo. Los pueblos de Oriente, en cuanto tienen la oportunidad, tratan desesperadamente de imitarnos, se tornan tan codiciosos y materialistas como nosotros, e incluso adoptan nuestros peores hábitos» (Calle, 2010: 399). Vaya, pues, los resortes críticos de don Ramiro están intactos.

Un año después fue publicado otro libro de diálogos de Calle. *Conversaciones con lamas y sabios budistas* (2011) fue un paso adelante en mis indagaciones orientalistas. Si el primero se concentra en la tradición hindú, este se ciñe a la budista. Abramos fuego con una distinción entre sabiduría y conocimiento, formulada por Nyanaponika Thera: «Para un budista, la sabiduría significa conocer la realidad como verdaderamente es, sin ningún tipo de distorsiones del intelecto o prejuicios emocionales o pensamientos anhelantes. Significa, además, la manera de vencer este mundo, que es básicamente sufrimiento, y la manera de superarlo es a través de una actitud de sabiduría y compasión. Incluye también la purificación del corazón. Por tanto, la sabiduría, tal y como se conoce este término, tiene que ser distinguida del mero conocimiento intelectual» (Calle, 2011: 29). Como vemos, ser sabio no es lo mismo que poseer conocimiento. La distinción es honda, sin duda. Sobre ella también reflexiona Piyadassi Thera y lo que señala es iluminador: «El conocimiento viene, pero la sabiduría mora en uno. Y el conocimiento viene rápido, pero la sabiduría viene lentamente, como la cultura. El conocimiento puedes compartirlo con los demás, pero no la sabiduría. Puedo darte conocimiento, pero no puedo darte sabiduría. Mi sabiduría está conmigo y tu sabiduría está contigo» (Calle, 2011: 75).

Narada Thera, después de referirse a la frase famosa de Bertrand Russell sobre el budismo («No tengo ninguna religión, pero de escoger alguna sería el budismo, porque es tolerante y muy racional, y porque nunca se ha derramado una gota de sangre en su nombre»), afirma: «La influencia del budismo es siempre benigna. No creemos en Dios, en ningún agente externo creador. Nosotros somos nuestros propios creadores y creamos nuestros propios infiernos y nuestros propios cielos» (Calle, 2011: 65). Es de las expresiones más claras que he leído sobre la no creencia en Dios por parte del budismo, ya que otras voces autorizadas dan a entender que Dios mora dentro de nosotros y que el camino de Buda nos ayuda a despertarlo. Esta interpretación es ambigua, ya que pareciera que la divinidad vive en nosotros, mientras que Narada Thera aclara que para los budistas el Dios exterior no existe. Así lo dice: «No creemos en Dios».

El venerable doctor H. Saddhatissa se refiere al tema, siempre ventilado, sobre si el budismo es una religión o no lo es. Afirma: «Por ello, el budismo, repito, no es una religión en el sentido original de la palabra. Pero si tomamos la religión como una forma de vida, entonces el budismo puede ser considerado una religión, porque es una filosofía ética y una forma de vida. Si el budismo fuera solo una mera filosofía o especulación metafísica sin aplicación práctica, no tendría ningún objeto. Pero es la suya una filosofía ética y práctica. En este sentido, el budismo sí es una religión, apartándose del término en su sentido original» (Calle, 2011: 109).

Más adelante, aclaró algo que juzgo de la mayor importancia. Al referirse a Buda y sus enseñanzas hizo énfasis en que el budismo no alberga ni un átomo de esoterismo, secretismo u ocultismo. Afirmó: «El mensaje fue el mismo para todo el mundo. Mostró la enseñanza en toda su profundidad. No escondió nada en el puño y no guardó una enseñanza secreta para unos cuantos favoritos. Sus enseñanzas están abiertas a todos. No ofreció ningún secreto, ninguna enseñanza esotérica. Consideramos que no hubo en su enseñanza nada que pueda ser calificado de oculto» (Calle, 2011: 111).

Juzgo ambas respuestas de Saddhatissa de la mayor importancia, ya que asienta que el budismo no es una religión en los términos clásicos y sí lo es al hacer una lectura amplia del concepto. También es importante deslindar al budismo del esoterismo, del secretismo, del ocultismo, incluso de haber hablado Buda para un círculo de elegidos. Sus enseñanzas están allí, como cartas colocadas sobre la mesa y a la vista de todos. Esta observación no es menor y marca una enorme diferencia con otras culturas o filosofías espirituales o credos religiosos.

Song Rimpoché aborda el tema del altruismo y el egoísmo. Apunta: «Hay que meditar en cómo el pensamiento egoísta de estar pendiente solo de uno mismo es la raíz de todos los sufrimientos. Luego debemos pensar que darse a los demás o cuidar de los demás es la raíz de todo lo bueno, de toda felicidad» (Calle, 2011: 260). Este párrafo le sale al paso a la falsa idea difundida sobre el egoísmo de la vida interior, de la búsqueda en la interioridad de respuestas, como si este afán separara al meditador del mundo. La verdad es que el budismo es profundamente altruista. El budista va al encuentro del otro con las manos llenas, con amor y compasión.

No podía faltar en este libro excepcional una entrevista con el Dalai Lama, quien ciertamente ha sido entrevistado incontables veces, pero siempre dice algo que llama la atención. Esta vez no fue la excepción y afirmó: «La doctrina de Buda está basada en la lógica y no en la fe, y eso la conecta y relaciona estrechamente con el mundo de hoy en día, con el mundo de la ciencia. En este siglo, en el que tan relevantes son la lógica y la ciencia, desempeñará un papel muy destacado la enseñanza del Buda, una enseñanza basada en la lógica y no en la fe, como ocurre con otras religiones. Sí, tendrá un gran papel como medio para hallar la felicidad» (Calle, 2011: 266). Luego, añade otra perla: «El saber sin sentimiento o emoción es seco, estéril, no sirve por sí mismo. La sabiduría está en la mente, y más allá de la mente, alcanza el sentimiento. Una sabiduría sin sentimiento, sin moral, no es nada. La sabiduría del corazón es más importante que una sabiduría mental, que es mero conocimiento» (Calle, 2011: 269).

Ramiro Calle ha publicado cerca de 200 títulos que, naturalmente, no hemos leído. Añadimos que además de estos dos tesoros que hemos comentado, leímos su *Autobiografía espiritual* y al principio nos dejó un tanto desconcertados, ya que se trata de una lista vertiginosa de viajes, emprendimientos, yoga, libros, amores, diatribas y hechos que nos condujeron a sentirnos abrumados. Luego, hacia el final de la obra, Calle nos ofrece conclusiones de valor. Afirma: «No soy budista, aunque muchos lo crean. Soy universalista, creo en todo y en nada, trato de mantener la mente independiente y sé, sé bien, que los intermediarios entre los grandes maestros de mente realizada y los aspirantes son los que más adulteran y traicionan la verdadera enseñanza. Claro que, como en el catolicismo, en ninguna otra tradición. Los papas han incorporado y quitado lo que de acuerdo con sus intereses consideraban oportuno, con ese desatino y pretexto falaz de la inefabilidad, como si algún hombre pudiera poseerla. Cuando hablo de hinduismo, me siento hindú, y si hablo de budismo, me siento budista, y si hablo de taoísmo, taoísta, pero no soy ni una cosa ni la otra, porque el buen *gourmet* prueba de distintas cocinas y selecciona los alimentos más sabrosos y nutritivos, y trata de descartar los negativos. No es bueno aferrarse a una sola doctrina, porque en este caso sí que se cumple el adagio zen: "No hay mayor cosecha que no recolectar". Al final, ¿acaso uno no es su propia senda, su propio maestro, su propia luz? Aprovechemos todo lo que nos ayude a superar la neblina o maya de la mente y a esclarecernos y humanizarnos. Eso es inteligencia, y lo otro es dogmatismo, sectarismo y mezquindad. Cuando le pregunté hace muchos años al profesor Pío Filippani Ronconi a qué asirse, repuso terminante: "A usted". Gracias, profesor, fue un buen consejo» (Calle, 2012: 391).

Y no por fastidiar a Ramiro Calle, pero la verdad es que el consejo de Ronconi es budista. Esta cultura espiritual privilegia la experiencia personal por encima de cualquier autoridad. Incluso, me atrevo a apuntar que Calle se inclina por el budismo. En verdad, es muy difícil no hacerlo para un espíritu libre, antidogmático, como el suyo. Es lo lógico, como habría apuntado el Dalai Lama.

Tres años en Bogotá: Sai Baba, Osho, los *Vedas*, los *Upanishads*, el *Bhagavad-Gita*

AL APENAS LLEGAR A BOGOTÁ mi amigo Camilo Gutiérrez Jaramillo me llevó a la tertulia en casa de Alfonso Ricaurte. Aquellas reuniones me trajeron muchos bienes, no solo diálogos enriquecedores sobre la historia política y la literatura colombiana, sino la amistad de Álvaro Pablo Ortiz, Enrique Serrano y Germán Sahid, también colegas en la Universidad del Rosario, donde casi todos los tertuliantes dábamos clases. Entre los asistentes estaba Juan Londoño, precedido de varias leyendas urbanas originadas en su juventud. Muy pronto Londoño me invitó a acercarme a gente seguidora de las enseñanzas de Sai Baba y, también, me llevó a un círculo de hinduistas que meditaban organizadamente, pero no eran saibabistas.

Después de ir al centro de Sai Baba en Bogotá, y superar las opiniones ultra adversas de Ramiro Calle sobre el personaje, opté por «cortar por lo sano» y acercarme directamente a las fuentes. Fui leyendo uno a uno los libros que fueron llegando a mis manos. El entusiasmo de Londoño por Sai Baba me llevó a valorar al personaje y sus ideas. Me ha tomado tiempo formarme un juicio. No ha sido fácil. Descartar a Sai Baba como un charlatán encantador de serpientes es el expediente a mano; despreciarlo porque hizo de sus apariciones públicas un espectáculo de multitudes es tan fácil como difícil aceptar lo que el propio Sai Baba quería que creyéramos de él: que era la divinidad encarnada.

Intenté atender a sus palabras, sin prejuicios, para valorar su mensaje. Y debo decir que muchas de sus respuestas a las innumerables entrevistas que concedió son interesantes, incluso diría que compatibles en muchos aspectos, pero la verdad es que no resultan reveladoras. Me explico, para quienes ya hemos leído mucho sobre el hinduismo, abrevando en otras fuentes de experiencia y conocimiento, lo que dice Sai Baba es correcto, pero no añade nada nuevo, no añade nuevas visiones. En este sentido, respeta la tradición.

Lo que sí es interesante es revisar los testimonios de gente que lo conoció mucho y estuvo cerca de él en momentos curiosos. Es el caso del sacerdote católico Mario Mazzoleni, quien llegó a convencerse de que Sai Baba era una encarnación divina, un avatar, y como tal lo trataba. Esto ya está en otro nivel: si creemos que era Dios encarnado, como Cristo, pues ya estamos en el ámbito de la fe de gran calado y, la verdad, es poco lo que podemos decir. Por otra parte, el propio Sai Baba también creía que era Dios hecho hombre. Lo dijo innumerables veces, así como también dejó dicho mil veces que Dios era uno solo y que las deidades hindúes eran expresión de un solo Dios. De modo que rechazaba el panteísmo, y su exégeta Mazzoleni en algún momento hace la analogía entre los santos católicos y las deidades hindúes: ambos expresión plural dentro de ámbitos culturales monoteístas.

El otro tema que no deja de asombrar es el de las materializaciones de Sai Baba. Si descartamos que fuesen actos de magia, fundamentados en algún truco, en ilusionismo, pues estamos ante hechos sobrenaturales. Abundan testimonios sobre estos momentos en que Sai Baba materializa una joya, un collar, o cuando vomita un huevo de oro, o cuando entregaba puñados de ceniza (la llamada ceniza sagrada, en sánscrito *vibhuti*). Los testimonios están a la mano en las redes sociales, incluso. Estos actos con los que, aparentemente, Sai Baba probaba sus facultades sobrenaturales, se suman a otros en los que los testigos afirman que les leía la mente, que les hablaba de asuntos que habían pensado y no habían verbalizado. Todo esto es difícil pasarlo por alto y despacharlo como si se tratara de un impostor. Aunque también es arduo aceptar seriamente a alguien que se presenta como una encarnación divina.

Voy a reproducir una respuesta que le da a su devoto John Hislop en un libro de entrevistas, refiriéndose a sus materializaciones.

Afirma Sai Baba: «Desde el momento en que Sai tomó un cuerpo se ha impuesto a sí mismo algunas necesarias limitaciones. Swami ha creado estatuillas de oro y, con la misma facilidad, podría crear una montaña de oro. Pero, si lo hiciere, el Gobierno se haría cargo de él y nadie podría acercársele ya. Hasta los dieciséis años de vida Baba realizó lilas o juegos divinos; entre los dieciséis y los treinta y cinco, milagros; entre los treinta y cinco y los sesenta, enseñanzas y milagros; después de los sesenta se alejará del público. Sin embargo, incluso después de los sesenta años, sus devotos cercanos podrán seguir viéndolo. Él le dirá al Gobierno que son suyos. Este cuerpo vivirá hasta los noventa y seis años y se mantendrá joven» (Hislop, 2003: 137-138). Las conversaciones ocurrieron entre 1968 y 1978. Sai Baba nació en 1926, y para 1978 contaba 52 años. No se retiró a los sesenta, por lo contrario, tuvo apariciones públicas hasta días antes de morir, ya muy viejo y en muy mal estado. No murió de 96 sino de 85, en el año 2011. De modo que estas profecías no se cumplieron, ni siquiera en cuanto a las materializaciones, ya que siguió haciéndolas hasta la ancianidad.

Volvamos a sus profecías. Sai Baba en diciembre de 1968 le responde a Hislop lo siguiente: «Los países son como vagones. La locomotora es Dios. El primer vagón es la India, los demás seguirán. De acuerdo con la astrología de tiempos remotos, el cambio en las condiciones del mundo será producido por la influencia de Swami en unos quince años a partir de ahora [esta conversación se sostuvo en diciembre de 1968]. Esto ha sido predicho hace cinco mil seiscientos años en los *Upanishads* [escrituras hindúes]: la venida de Baba, el Sai Avatar, que incluye tres encarnaciones, todo está profetizado claramente. Aquellos que nazcan en la generación actual pueden considerarse muy afortunados» (Hislop, 2003: 166-167). Quince años después de 1968 es 1983. Nada ocurrió. Sai Baba no cambió al mundo para la fecha prevista. Tampoco hizo desaparecer el universo, como dijo que podría hacerlo: «Cuando Baba nació, sabía su divinidad y sabía que era Dios mismo. El universo entero es sostenido por la mano de Baba y, si quisiera, podría hacerlo desaparecer en un instante» (Hislop, 2003: 186).

¿Quién era este hombre? Es difícil responder. No cabe duda alguna de que fue un líder espiritual de millones de personas en la India y en el mundo; no cabe duda de que fundó una organización social y educativa que le ha sobrevivido y desempeña una labor benéfica. Me produce fundadas sospechas el hecho de que buscase ser adorado como un dios. Tampoco me convence el fasto con que vivió sus últimos años. La austeridad es un valor irrenunciable para quien se ha entregado a lo esencial. Las materializaciones siguen siendo un misterio para mí, no sé qué son ni qué significan, ni por qué las hacía. En las materializaciones incluyo las cenizas, naturalmente. Como dije antes, sus enseñanzas, cuando se ciñen a la tradición hinduista, son correctas y emulables en muchos sentidos, pero cuando entra en la consideración de sí mismo como Dios se producen grandes cortocircuitos. Por otra parte, la relación que Sai Baba le proponía al otro era la del devoto, la del adorador, y esa relación no se me da fácilmente. Amar es algo distinto a idolatrar, a adorar. La fe que Sai Baba exige a sus seguidores no es agua que pase por mi casa. Esto no implica que descarte de plano sus enseñanzas, y de hecho algunas me parecen valiosas. Dicho esto, mi acercamiento bogotano a Sai Baba no pasó de la lectura de sus enseñanzas en entrevistas y, eso sí, de advertir un enigma que todavía no resuelvo.

En relación con lo anterior, tiempo después, cayó en mis manos un libro valioso: *El ideal de la sabiduría*, de Roger-Pol Droit. El filósofo francés distingue entre magia y sabiduría, y afirma: «Más allá de los límites humanos, directamente vinculado a la raíz del mundo o a las fuerzas primordiales del universo, el sabio posee poderes desconocidos en los seres humanos supuestamente normales... Una singularidad que conviene señalar: en general, los sabios deciden que estos poderes carecen de interés. Milarepa se inició en la magia y luego renunció a su ciencia. Los héroes de la sabiduría india descubren regularmente, como una etapa necesaria de su camino, que poseen estos poderes... La decisión correcta, sin la que no son sabios propiamente dichos, consiste en apartar estos accesorios... ser mago no es interesante. Quien quiera ser sabio solo por medio de la posesión de tales poderes no lo será en modo alguno» (Droit, 2011: 88-89). Si esto que afirma Droit es cierto, y todo indica que es razonable lo que señala, Sai Baba era más un mago que un sabio. De acuerdo con la argumentación de Droit, ha debido dejar de lado los actos de magia y nunca lo hizo, hasta la senectud estuvo practicándolos ante multitudes asombradas que creían ver en ellos la prueba de sus poderes sobrenaturales. Según Droit, la magia forma parte de los poderes del sabio, pero para llegar a serlo verdaderamente hay que abandonarla y sumergirse en aguas más profundas. Si compramos su tesis, debemos concluir en que Sai Baba fue un mago que no llegó a sabio.

En aquellos años dulces y amargos de Bogotá tuve la experiencia del desapego forzado. Me explico: mi biblioteca fue embalada en Caracas (160 cajas) y montada en un camión. Una semana después estaba en Bogotá en el apartamento que habíamos alquilado. Fui deshaciendo las cajas una a una e hice grandes rumas en el salón. El sueldo de profesor no me alcanzaba para vivir y, lamentablemente, no me quedó otro recurso que vender mis libros, un tesoro acumulado durante más de treinta años. Para entonces ya había conocido a Guillermo Martínez González, el librero y editor de Trilce, una librería y editorial exquisita, que se sentaba durante horas conmigo a escoger lo que le interesaba y lo que no. Así trabamos una entrañable amistad. Mientras él separaba libros para llevarse o desechar, tomábamos café y hablábamos de autores, de textos que habían significado algo en nuestras vidas. Por supuesto, Guillermo escogía lo mejor y me miraba a los ojos como preguntando si estaba dispuesto a salir del ejemplar o lo dejaba en casa. Salí de muchos libros (¿dos mil, tres mil?), a los que ahora recuerdo y los busco, y ya no están. Cada libro significativo que se llevaba Guillermo era como un alfiler clavado, señalándome que no debía apegarme a los objetos, que bastaba con haberlos leído. Tres años después la mitad de mi biblioteca regresó a Caracas, en el mismo camión de mudanzas, y la otra mitad quedó sembrada en Colombia. Mi segunda patria. Un país al que amo profundamente.

En estos días un amigo escritor se enteró de esta mudanza y venta de parte de mi biblioteca y se estremecía de pensar que algo así pudiera pasar con sus libros. Le comenté que no era tan duro como él suponía, que el alivio económico que traía la venta de los libros compensaba en algo su pérdida y que quedaba el consuelo, como de hecho ha ocurrido, que te ofrece el placer de volver a comprar libros que alguna vez tuviste, y que ahora están en manos de nuestros vecinos colombianos, ofreciéndose a otras avideces lectoras. Por un correo electrónico me enteré hace pocos meses de que Guillermo había muerto. No estaba en edad de morir, pero el destino dispuso su partida. Lo lamento mucho, era un hombre apacible y amable, capaz de colocarse en los zapatos del otro. Un amante de la literatura, la filosofía y la historia.

Mi hermana Leonor alguna vez me dijo que le interesaba mucho Osho, que lo leyera. Había dejado esto en suspenso hasta que llegó el momento. Leí los libros centrales de las decenas de textos que de Osho han publicado sus seguidores. De entrada, su rebeldía juvenil en contra de lo establecido me parece pueril. La rebeldía no siempre es un valor, como él cree. Pensar que transitar el camino contrario de las instituciones es estar en el sentido correcto es, por decir lo menos, falso o, dicho de otro modo, no tiene por qué ser verdadero. Dicho esto, de entrada, sí hay aspectos del pensamiento de Osho que me parecen muy interesantes. Sobre todo su *Autobiografía de un místico espiritualmente incorrecto*. La rebeldía de Osho no es cuento, su inteligencia crítica es de gran profundidad, es como un bisturí de diamante que penetra en rocas que se creían inexpugnables. Es implacable. Tanto que llega a ser muy duro con las personas en sus inquisiciones, en su afán por llevarlos a darse cuenta de que mienten, de que dicen cosas sin sentido. La verdad es que uno echa de menos un poco de piedad por sus interlocutores, pero no dejo de admirar la manera como Osho ve los hechos, sobre todo los hechos que damos por sentados. Su operación crítica es demoledora.

El capítulo «La iluminación: una discontinuidad con el pasado» es estremecedor. Recoge su experiencia de iluminación durante siete días y afirma, con algo de socarronería: «El día en que me iluminé, simplemente quiere decir el día en el que me di cuenta de que no hay nada que alcanzar, que no hay ningún lugar a donde ir, que no hay nada que hacer. Ya somos divinos y ya somos perfectos como somos. No hace falta mejorar nada, nada en absoluto. Dios nunca crea a nadie imperfecto; aunque te cruces con un hombre imperfecto, te darás cuenta de que su imperfección es perfecta. Dios no crea nada imperfecto» (Osho, 2006: 91). Más adelante identifica el momento en que la iluminación tuvo lugar, señalando: «El día que el deseo se detuvo, el día que miré en su interior y me di cuenta de que era inútil, me sentí impotente y sin esperanzas. Pero en aquel mismo momento algo empezó a suceder. Comenzó a suceder aquello por lo que había estado trabajando durante muchas vidas pero no había sucedido. En tu desesperanza está la única esperanza, en tu falta de deseo está tu única realización y, en tu tremenda impotencia, de repente la existencia entera empieza a ayudarte» (Osho, 2006: 95). Este segundo párrafo lleva en un ala viento taoísta y en la otra budista. El primer párrafo es hinduista, aunque al trasluz se ven Buda y Lao Tsé. Por aquí ya vamos viendo cómo Osho acepta en su combinatoria fuentes distintas. Eso caracteriza su pensamiento. Más aún, quizás esté allí la fuerza de su pensamiento, en la hibridación, en algunos casos impensable, de unos corpus espirituales con otros.

Su visión de la universidad, recinto del que fue profesor varios años en India, no es menos dura. Pero son verdades que se dicen poco, o nada. En este capítulo está pensando sobre el respeto de los alumnos por los profesores y en qué se fundamenta su existencia o su falta. Afirma: «Los profesores tienen tanta vocación como los poetas, es un gran arte. No todo el mundo puede ser profesor, pero como hoy la educación es algo universal hacen falta millones de profesores. Imagínate una sociedad que crea que hay que enseñar poesía a todo el mundo y que la poesía tiene que ser enseñada por los poetas. Entonces harán falta millones de poetas. Por supuesto, entonces habrá colegios para educar a esos poetas. Esos poetas serán falsos y luego te pedirán: "¡Apláudenos! Porque somos poetas. ¿Por qué no nos respetas?". Eso es lo que ha sucedido con los profesores» (Osho, 2006: 128).

Luego, la visión que Osho tiene de sí mismo es profundamente individualista y esto, la verdad, asombra por su énfasis en la independencia de criterio, en la no pertenencia a ninguna tribu, ninguna, salvo la que se fue formando alrededor del propio Osho, a medida que sus puntos de vista echaban a andar por el mundo. Semejante defensa de la individualidad es notable y admirable, no obstante que una pregunta surge en nuestra psique: ¿para qué? ¿La radicalidad individual es solo la radicalidad individual? No es fácil responder esto. Lo que sí me queda claro es que Osho se propuso ver todo, absolutamente todo, desde su punto de vista. En algunos casos sus visiones son valiosas, en otros no. Por ejemplo, sus visiones sobre el poder y la política son infantiles, reducciones fáciles de problemas muy complejos. Por otra parte, su insistencia en la meditación fue el *leitmotiv* de sus últimos años y, la verdad, lo que he leído sobre este tema dicho por Osho está dentro de lo razonable. Igual me parece interesante su empeño en desacralizar el sexo, en restarle importancia. En esto daba en el clavo. La sociedad occidental le atribuye un valor exagerado al sexo. El sexo imanta casi todas las relaciones sociales y Osho se propuso verlo en una dimensión menos central, más lateral. Creo que es un aporte intentar atenuar la impronta del sexo en las relaciones humanas. Está hipertrofiado.

La experiencia con Sai Baba y Osho me condujo a profundizar aún más en el hinduismo. Acudí a las raíces: los *Vedas* y los *Upanishads*. Los primeros son himnos (plegarias) tan antiguos que se transmitieron por vía oral antes de la aparición de la escritura en India. El teólogo catalán-indio Raimon Panikkar cree que fueron concebidos en el norte de India entre el 2000 y 1000 a. C. y son, esencialmente, cuatro *Vedas*. No obstante, Álvaro Enterría cree que son anteriores y los ubica en el 3100 a. C. En cualquier caso, lo que sí es un hecho es que se trata de la música más antigua de la humanidad. No se ha hallado nada más antiguo que los *Vedas*. Este vocablo en sánscrito significa «conocimiento supremo, revelación». Cantados son hermosísimos. Con frecuencia los escucho, aunque no entiendo sánscrito, pero sus melodías me reconfortan. El más conocido de los mantras de los *Vedas* es la Gayatri, precioso. En otro *Veda* en el que se le implora a Dios, hay cuatro versos que me gusta recitar. Se lee:

Oh Dios, concédenos la mejor de las bendiciones,
una mente para pensar, un amor feliz,
mayor riqueza, un cuerpo sano,
palabras amables y días festivos (Pannikar, 2011:40).

Otro *Veda* ha tocado mi puerta. Este no está escrito en verso sino en prosa. Se lee: «La mente, en verdad, es este mundo fugaz; por eso habría que purificarla con gran esfuerzo. Uno se convierte en lo que piensa; este es el eterno secreto» (Pannikar, 2011: 57). Nada más cierto: «Uno se convierte en lo que piensa». Y luego se afirma que ese es el «eterno secreto». Poco más que decir, la verdad.

Luego, cuando Panikkar comenta la plegaria por la felicidad, la *Svastyayana*, afirma: «El hombre puede tenerlo todo: salud, bienestar, mujer e hijos, conocimientos, habilidades, poder y gloria, pero su verdadera felicidad, su plenitud, es incompleta si carece del más grande de los dones: la paz, *Santi*» (Panikkar, 2011: 46). El punto es central, ya que es la paz y no otro don el que se busca en los *Vedas*. No hay don mayor que este, y así se mantuvo en el hinduismo y en el budismo y, si extremamos el punto, también en el cristianismo. Conviene recordar que estoy citando una breve antología de los *Vedas*, escogida por Panikkar, uno de los pensadores que más hicieron por el diálogo intercultural e interreligioso, quien al irse a India como sacerdote en 1954, y regresar a Occidente muchos años después, afirmó: «Me fui cristiano, me descubrí hindú y vuelvo budista, sin haber dejado nunca de ser cristiano».

Leer los cuatro *Vedas* (Rig, Sama, Yajur y Atharva) es una experiencia conmovedora: son las creaciones conocidas más antiguas del hombre sobre la tierra y ya muchos de nuestros temas de hoy están allí tocados, trabajados o referidos, y naturalmente cantados, porque no olvidemos que eso son los *Vedas*: himnos. En un curso sobre Literatura oriental que dicto en la Universidad Metropolitana los leemos y los escuchamos en el aula, y la belleza de estos cantos suele estremecer a muchos alumnos que los desconocían por completo. Por otra parte, leer el Rig Veda (que es el más importante, es la matriz de los otros) y reconocer mucho de él en el cristianismo posterior es un hecho incontrovertible.

Recordemos, también, que los *Vedas* ya recogen el particular sentido monoteísta-politeísta de la India. Es decir, hay muchos dioses, miles incluso, pero todos confluyen en uno solo. Los *Vedas*, por otra parte, tienen una importancia histórica única, ya que no quedan restos arqueológicos de esta antigua civilización salvo sus plegarias, de modo que todo lo que sabemos de ella es por los *Vedas*, siendo estos himnos transmitidos por tradición oral durante milenios y luego recogidos en sánscrito.

Los *Upanishads* son posteriores a los *Vedas*, pero en la misma tradición; la fecha más aceptada es 800 a. C. Incluso, algunos eruditos los consideran *Vedas* también. En todo caso el vocablo significa «sentarse devotamente cerca», lo que recoge la tradición de enseñanza maestro-alumno, que fue como se transmitió este conocimiento. Muchos son hermosos, pero alegóricos, crípticos con frecuencia, más complejos que los *Vedas*, que son plegarias más directas.

El primer divulgador y conocedor de los *Upanishads* en Occidente fue Schopenhauer, que tenía en su mesa de noche un librito con ellos y los leía antes de dormir. Afirmaba este filósofo-puente entre Oriente y Occidente: «No existe en el mundo ningún estudio, excepto el de los originales, que resulte tan benéfico y tan edificante como el de los *Upanishads*. Este ha sido el solaz de mi vida y será el solaz de mi muerte» (Mahadevan, 2006: 8).

El *Bhagavad-Gita* es posterior, se ubica en el siglo II a. C, y forma parte del *Mahabharata*, la gran epopeya hindú, que en cierto sentido nos recuerda a los cantos homéricos, aunque es posterior a ellos; fue escrita entre el siglo VI y el II a. C. El *Bhagavad-Gita*, para nuestro tiempo, resulta un tanto maniqueísta. Divide al mundo entre buenos y malos y los caracteriza. Con frecuencia estamos de acuerdo con la tipología, pero otras veces aflora su esquematismo. En el capítulo XVI se lee:

El bienaventurado Señor dijo:
1-3. ¡Oh Bharata! El tesoro del hombre dotado de naturaleza divina es el siguiente: intrepidez, pureza, constancia en el yoga del conocimiento, bondad, dominio de sí, resignación, conocimiento de los libros sagrados, templanza, dulzura, rectitud, benevolencia,

sinceridad, santidad, abnegación, tranquilidad, carencia de conocimiento destructor, caridad, largueza, mansedumbre, modestia, inmutabilidad, fuerza, misericordia, paciencia, sencillez, generosidad. 4. Por el contrario, ¡oh Partha!, los atributos del hombre dotado de naturaleza demoníaca son: orgullo, pedantería, soberbia, cólera, maldad e ignorancia (Barrio, 2010: 111).

Con este ejemplo basta para dar a entender lo que señalo sobre el maniqueísmo. No obstante, cómo no suscribir el catálogo de virtudes y defectos listados. Tampoco quiero dejar la impresión de que este libro central de la cultura hindú incurre en esquemas dicotómicos y nada más. No es cierto, también esplende complejidad y sabiduría a raudales, siempre dentro de la tradición de los *Vedas* y los *Upanishads*, ya que se trata de una continuidad cultural y no un texto de ruptura. Más aún, hallamos el aliento de Buda en sus páginas, coincidencias notables. Veamos su estructura y recorrido.

Arjuna está montado sobre su caballo y va a enfrentar en batalla a sus enemigos; entre ellos están sus primos, sus tíos y demás gente cercana a él. Entonces, se desvanece sobre el caballo: no quiere darles muerte a sus parientes. En ese instante interviene Krishna y le habla al oído y le dice que tiene que cumplir su cometido, que es un guerrero, que todos debemos cumplir con nuestro destino. A partir de aquí, las XVIII estancias del libro se centran en lo que pregunta Arjuna y lo que dice Krishna. Por cierto, de entrada, para el lector es desconcertante que Krishna no considere las emociones de Arjuna y que le diga que tiene que luchar contra los suyos, que tiene que responder a su deber de guerrero.

Luego, Krishna hace no pocas alusiones al yoga y lo que afirma sobre el deseo es idéntico a lo dicho por Buda: «Quien no se turba en medio de las tristezas, quien en medio del placer no siente deseo, quien ha abandonado todo impulso, temor o cólera, este tiene el entendimiento estable» (Barrio, 2010: 34). Más adelante señala Krishna: «Pero el que no ha alcanzado el yoga no puede tener inteligencia ni concentración del pensamiento; quien no alcanza la concentración del pensamiento no puede tener paz;

y, ¿cómo podría ser feliz quien no tiene paz?» (Barrio, 2010: 35). Como vemos, todo dentro del universo conceptual del budismo, lo que no deja de ser una paradoja porque, recordemos, el diálogo entre Arjuna y Krishna surge en el frente de batalla, justo antes de entrar en combate y, como sabemos, el budismo es pacífico en grado sumo y jamás Buda apelaría a una metáfora guerrera como esta. Las coincidencias no nos pueden llevar a confundir el budismo con el hinduismo, lo que ocurre es que ambos emanan de la misma matriz; de allí que pudiéramos decir que el budismo es una herejía del hinduismo, que lo modifica en aspectos esenciales y en otros no, como suele suceder. En el orden de las coincidencias, muchas veces lo que Krishna denomina yoga puede leerse como budismo.

Luego, buena aparte de los cantos se emplean en la explicación de Krishna de quién es él, y cómo debe ser adorado, y cómo es necesario dejarlo todo para seguirlo a él. En esto, los ecos del futuro cristianismo son evidentes y no representa ninguna novedad para nosotros, y sí es una separación radical del budismo. En su exigencia de ser adorado, Krishna llega a ser reiterativo: «Yo soy el camino y el fin, el sostén, el señor, el testigo, la casa y el país, el refugio, el buen amigo. Yo soy el origen, la permanencia y la destrucción de lo que existe, la indestructible semilla de todo ser y el eterno lugar de descanso» (Barrio, 2010: 75).

En el capítulo XV aparece la imagen del árbol cósmico, que es sumamente hermosa. Se lee: «Las ramas del árbol cósmico están a la vez por encima y por debajo, crecen según los modos de la naturaleza; sus hojas son los objetos de los sentidos, sus raíces, que son la pasión y el deseo, se hunden en el mundo de los hombres, produciendo una actividad constantemente desarrollada» (Barrio, 2010: 107). Me gusta pensar que esta interconexión entre lo de arriba y lo de abajo es un hecho, que está allí. Es una idea que tranquiliza, que nos salva del abismo de la ruptura, de la desconexión, de la herida. Hasta aquí el *Bhagavad-Gita*. Un libro hermoso, monoteísta y, en tal sentido, del que emana una música similar a la del cristianismo, de allí que nos resulten familiares sus palabras.

Por último, he de señalar que Osho y Sai Baba, y muchos otros contemporáneos (Deepak Chopra, Eckhart Tolle), en la mayor parte de sus trabajos se basan en estas escrituras iniciales, aunque no siempre lo dicen claramente, pero el rastro se sigue fácilmente. Ocurre entonces que a quienes desconocen las escrituras fundadoras, lo leído les parece una novedad, cuando en verdad lo que hacen sus autores es seguir la tradición cultural hindú. En este sentido, sus obras son una suerte de puesta al día de una cultura milenaria que, seguramente, si se ofrecieran como textos académicos serían leídos por muy poca gente, pero estructurados como revelaciones personales el resultado divulgativo es infinitamente mayor.

Otro texto esencial de la cultura hindú es el *Yoga-Sutra* de Patanjali. Escrito entre el 300 y el 400 d. C., recoge una teorización sobre la naturaleza del yoga, tanto en su faceta corporal como mental. Un sutra es un epigrama, un aforismo, naturalmente signado por la brevedad y la precisión. De hecho, sutra en sánscrito significa aforismo. La definición de yoga es uno. Dice Patanjali: «Yoga es la aptitud de dirigir la mente exclusivamente y mantener esa dirección sin distracción alguna» (Desikachar, 2013: 34). Es un libro hermoso que recoge una tradición cultural en cuanto a la facultad de atender, el desapego, la función de los sueños, el dominio de la mente. Sobre todo en esto último, en el estudio de la naturaleza de la mente, está uno de los aportes más luminosos del libro. Como vemos, todo dentro del universo temático que venimos revisando: la cultura hindú, el budismo y el taoísmo.

Añado otro sutra que marca una diferencia sustancial entre buena parte del pensamiento oriental y el occidental de nuestros días: «Practicar samyama sobre el corazón revelará, sin duda alguna, las cualidades de la mente» (Desikachar, 2013: 122). En otras palabras, la mente está en el corazón, no en el cerebro. Esta es la tesis que desarrolla James Hillman en un libro extraordinario: *El pensamiento del corazón*. Pero lo interesante de la tesis hillmaniana es que sus fuentes no son orientales sino occidentales, grecolatinas, lo que evidencia que la idea del corazón como la sede de la mente no es exclusiva de un mundo o de otro. Aclaremos que Patanjali no está añadiendo nada nuevo con esto, ya lo hemos advertido en su tradición cultural antes. En suma, es evidente que el *Yoga-Sutra* no es un texto de la significación de los *Vedas*, los *Upanishads* ni el *Bhagavad-Gita*, pero la experiencia de su lectura enriquece. Algo similar ocurre con un libro reciente, con apenas unos 250 años de haber sido escrito, *El secreto de la flor de oro*, pero célebre porque despertó la admiración de Jung. Detengámonos sobre sus páginas.

La mejor definición de lo que es el libro la da su traductor, Thomas Cleary: «*El secreto de la flor de oro* es un manual profano de métodos budistas y taoístas para clarificar la mente. Destilación de los elementos psicoactivos internos presentes en los textos clásicos espirituales antiguos, describe un método natural para alcanzar la libertad mental practicada durante siglos» (Cleary, 2012: 9). Su divulgación en Occidente se debe al ensayo necrológico que escribió Jung con motivo de la muerte del primer traductor del libro, del chino a una lengua europea: Richard Wilhelm. El médico suizo le agradece particularmente la traducción del *I Ching* y de este libro. Años después, su traductor más reciente, Cleary, aclara que la traducción de Wilhelm está hecha con base en una versión incompleta del libro. En todo caso, el punto que nos atañe es que en Occidente el libro despertó interés por la advertencia de Jung, y que Jung le agradeció encarecidamente a Wilhelm la traducción de la obra. El meollo de la obra está en el método de «hacer girar la luz», que no es otro camino que «volver la atención primaria para centrarla en la esencia o fuente de la mente. Este ejercicio se practica como una forma de clarificar la conciencia y liberar la atención» (Cleary, 2012: 184). En verdad, el libro es un resumen de ideas ya vistas en textos anteriores, una suerte de *aggiornamento*. Volvamos a Colombia.

Los años bogotanos me ofrecieron otra experiencia central para mi vida: aprender a meditar. Londoño me llevó a los círculos de meditación de Mariela Lasso Salas, a principios de 2011, en la Sociedad Teosófica de Santafé de Bogotá. Con esta maestra, paso a paso, durante meses, aprendí a meditar, y a partir de un cierto punto dejé de ir a los encuentros y comencé a practicar solo. Todos los días 25 minutos. Sobre la meditación lo mejor que he leído es el ensayo de Pablo d'Ors: *Biografía del silencio*. Lo primero que sorprende de este libro es que D'Ors es sacerdote católico, cuando todo el enfoque del libro es taoísta y budista. Indagando sobre el autor advierto la cantidad de problemas que ha tenido con la Iglesia católica vaticana, no es para menos, ya que entre los valores de su texto brilla que está escribiendo para occidentales acerca de una práctica oriental, pero que nada impide que se haya ido incorporando a nuestra cultura, felizmente. Dice nuestro autor: «La meditación nos concentra, nos devuelve a casa, nos enseña a convivir con nuestro ser. Sin esa convivencia con uno mismo, sin ese estar centrado en lo que realmente somos, veo muy difícil, por no decir imposible, una vida que pueda calificarse de humana y digna» (D'Ors, 2016: 22).

¿Exagera D'Ors? Quizás sí, porque quiere ser enfático, pero lo cierto es que la práctica de meditar, que supone el silencio y la soledad, es inmensamente beneficiosa. De esto no tengo la menor duda. Cerrar los ojos y hacer silencio y dejarse llevar es una práctica que solo redunda en tierra fértil, aunque para muchos pueda ser arduo o imposible lograr ese espacio de atención interior, de intento porque el vacío ceda a la plenitud. Todo lo que pueda decir de la búsqueda del silencio y la soledad, con los ojos cerrados, es insuficiente. La verdad es que es una práctica tan personal que es intransferible, que solo puede explicársela a sí mismo el practicante. No creo que puedan extraerse de ella bondades universales, ya que lo particular de la meditación es su singularidad. Cada quien la metaboliza a su aire y le rinde frutos de distinta manera y en distintos tiempos. Mientras más atentos al mundo exterior y menos proclives al interior, pues más cerca o lejos estaremos de recoger los frutos de hacer silencio y darle mano a nuestra propia soledad.

Como vemos, varias veces he proferido dos vocablos: silencio y soledad. Sin ellos no hay ninguna posibilidad de alcanzar el camino de la serenidad, del bienestar, de la mansedumbre. Ahora he dicho un vocablo que resuena en mí: mansedumbre. Advertí por primera vez su hondura leyendo un libro precioso de Elizabeth Schön: *El abuelo, la cesta y el mar*. En aquellos años bogotanos se me impuso la necesidad de volver a aquella escritura de la poeta caraqueña, a su esencialidad. Felizmente, entre mis cajas de libros venía el texto breve, publicado en 1969, leído por mí en 1991, y ahora resonante en mi psique a partir de una nueva condición que me imantó íntegramente. Al nacer Guadalupe Manzano Arráiz el 14 de septiembre de 2012 me hizo abuelo. Mi hija Eugenia en Caracas y yo en Bogotá. Recuerdo el instante de su nacimiento como una epifanía, una gloria, una bendición. Lloré largamente de emoción y gratitud. Cerré los ojos y le di gracias a la vida, que tantas pruebas ponía delante de mí y que tantos motivos de emociones profundas me regalaba. El nacimiento de una nieta. Con apenas un mes Guadalupe viajó a Bogotá con sus padres y entablamos nuestra relación afectiva. Profunda, hermosa, signada por la música. Guadalupe inventa canciones y yo le sigo el ritmo. Desde que tiene un año inventa ritmos, movimientos con las manos y el cuerpo, y me enseña sus ritornelos. Yo le invento personajes y disparates que la hacen reír a sus anchas. Con su llegada a este mundo mi vida cambió, como cuando nacieron su madre y su tío Cristóbal. Cada nacimiento de un familiar es una oportunidad de crecimiento personal, de cambio, de enriquecimiento. No solo nacen ellos a un mundo nuevo, también nosotros nacemos a una nueva realidad. Así me ha ocurrido con el nacimiento de Almudena Manzano Arráiz en Caracas, el 20 de junio de 2014, y el de Olivia Arráiz Díaz, en Madrid, el 15 de septiembre de 2016, mis tres nietas. Tres hijas del amor que han sido recibidas con cantos y alegrías.

El libro de Schön me vino a la memoria, también, porque en la Universidad del Rosario me invitaron a participar en un seminario sobre la experiencia educativa. Entonces pensé mucho en la relación milenaria maestro-alumno, esa misma que trabajaba la poeta en la dupla abuelo-nieta. De aquella conferencia extraigo algunos fragmentos de interés:

> En los párrafos anteriores aludí entre líneas algo que es central para la cultura oriental y la occidental. Me refiero a la relación maestro-discípulo. ¿Qué puede hacer un maestro si el alumno no tiene ningún interés por la materia, después de haber ensayado todas

las estrategias para enamorarlo? Nada más certificar que el vínculo maestro-alumno no se dio y que la iluminación del aprendizaje ocurrió a medias, a media luz.

Recordemos que un verdadero maestro no abandona su presa fácilmente e intentará seducirla hasta que ya dé el caso por perdido, lo que no tiene nada de raro: las vocaciones existen, y quien no la tiene para la materia que dictamos, no la tiene. Los profesores de bachillerato de mis hijos en Inglaterra, por cierto, señalaban un camino para que alguien sepa cuál es su vocación. Simplemente, aquel que se nos entregue más fácilmente, lo que menos resistencia nos ofrezca, será para lo que estamos mejor dotados, obviamente. Por supuesto, para quienes crecimos inmersos en la cultura judeo-cristiana esta observación inglesa es difícil de metabolizar, ya que nos fraguamos en la cultura de la dificultad como presupuesto del valor, pero concuerda con las culturas orientales, en particular con el taoísmo y el budismo, y esta última lleva siglos estudiando la mente y el espíritu, que ya sabemos que son dos espacios distintos. En pocas palabras: las materias que nos resultan fáciles son nuestro sendero de realización personal.

En nuestro mundo, los griegos fueron los primeros en conocer a fondo la relación maestro-discípulo. Nada mejor que los diálogos platónicos para constatarlo. Sócrates pregunta, complejiza, matiza, subvierte y los sofistas entran en el juego del diálogo y entre todos van iluminando terrenos baldíos. ¿Puede alguien decir que aprendió más escuchando un sermón, un monólogo en un púlpito, que en franca y abierta discusión con un maestro y sus pares? Sócrates era un maestro porque partía del presupuesto de todo aprendizaje: la humildad. No sé, vengo a aprender, hubiera dicho.

Como vemos, hice una defensa del método socrático, camino en el que creo con fervor. No solo por la efectividad que ofrece sino porque desarrolla en el alumno el pensamiento crítico, la duda, la revisión de los problemas desde el principio, lo acostumbra a no dar nada por sentado, en pocas palabras: lo enseña a pensar. Más adelante, explico mis propósitos:

Me propongo que el alumno desconfíe, que opine con base en pensamientos y no en ideologías, en creencias, en prejuicios, en valores familiares acríticos. Quiero verlo como un sujeto activo en la relación pedagógica, como una persona feliz en su entusiasmo, un descubridor, un crítico, un dialogante, un sofista. Pocas conversaciones más agudas, crispadas y excitantes que los diálogos platónicos.

Me propongo que aprenda a amar la precisión (si acaso no la ama ya); que se entrene en hablar exactamente lo necesario, que no se repita. Intento que vea lo que se esconde detrás de la selva verbal y advierta la belleza de lo limpio, lo honesto. Me propongo que sea puntual y que aprenda a decir «no sé», que no saque conejos del pumpá por dar una respuesta. Me propongo, también, señalarle que los hechos y los procesos que estudiamos ocurren en el tiempo y que esto es fundamental para la comprensión. Todo es histórico.

Como vemos, creo que la educación de ciudadanos está cimentada sobre el valor del pensamiento crítico; no creo que la obediencia sea el valor central, como sí lo es para la formación militar y para las iglesias de distintas religiones. El ciudadano que queremos formar como tal, necesitamos, para que sea libre y soberano, que sepa pensar, es decir, que ejerza la crítica.

Volvamos ahora a la iniciación en la meditación. La cercanía con Mariela Lasso y su enseñanza colocó en mis manos la biografía de Karunamayi, escrita por Murugan y traducida al español por Mariela y publicada en Bogotá, con autorización de la biografiada. *Vislumbres de Karunamayi* se titula el libro. En verdad, hay muy pocos datos biográficos esclarecedores, pero sí ofrece una larga lista de milagros y, lo más interesante, unos mensajes de la iluminada. En ellos brilla la sensatez, el sentido común, la búsqueda de la paz, la meditación como camino para el encuentro de uno mismo, el valor del silencio. Nada que no hayamos visto y leído antes. No obstante, bien dicho e imantado por la sabiduría. Subrayo el valor que Karunamayi les da a las palabras. Afirma: «Las palabras de las personas son la causa real de su suerte o su desgracia, muchos pecan principalmente por sus palabras. Como la flecha que se dispara del arco, las palabras no pueden devolverse.

Conversaciones inútiles y lo que insensiblemente hablamos sobre los demás nos causa grave daño, si no podemos abandonar la mala costumbre de la conversación excesiva, además de desperdiciar el tiempo y la vida, obstaculizamos el progreso de nuestro espíritu» (Murugan, 1999: 144). En otras palabras, la «cháchara» incontenible como fuente de infortunios y, en las antípodas, el silencio como fundamento de la serenidad y la paz. Como dije antes, se ha dicho muchas veces, pero lo dice bien Karunamayi.

Me he detenido en otro libro suyo: *Sri Gayatri. Los secretos internos revelados de Karunamayi*. Se trata de una lectura del mantra Gayatri, una interpretación acerca de sus resonancias, sus enseñanzas. Hay muchos pasajes hermosos a lo largo de la lectura de Karunamayi. Valoro el intento por adaptar a nuestro tiempo los mensajes del bellísimo mantra.

Pasemos ahora a otros episodios, seguimos en nuestra amada Bogotá y recordemos lo que me dijo mi hermana Mariana cuando tuve que irme de Venezuela: «A veces, lo que creemos es una calamidad se convierte en una bendición». Así fue. Pocos años más enriquecedores que los que viví en Colombia, entre 2010 y 2013.

Experiencias extrañas

La vida bogotana seguía su curso. La rutina académica, el tiempo para leer, investigar y escribir. Los entrañables amigos que habíamos hecho en aquella tierra alta, raras veces soleada, muchas veces lluviosa, los veíamos con poca frecuencia. El tempo social bogotano es muy distinto al caraqueño. Menos gente en tu vida, más soledad y silencio. Muchos alumnos, como siempre, alegrándonos la vida, imantándola de energía y optimismo.

En una oportunidad propicia, una amiga de Guadalupe le refirió la experiencia que había tenido con una médium que se conectaba con tus padres en el más allá, en otra esfera. Nos pareció que debíamos ir a consulta con la señora y fuimos. Jamás hemos dicho que no a estas experiencias cuando nos han sido referidas por gente seria. Patricia se llama la médium. Al no más entrar en su consultorio me dijo que estaba canalizada con mis padres y los describió perfectamente. Luego, verbalizó lo que mi madre me mandaba a decir y, después, lo que mi padre añadía. Para cuando esto ocurrió mis padres tenían 16 años de haber muerto. Mi madre me explicó qué hacía yo en Colombia y cómo me llevaron hasta allá, me dijo que regresaría a casa, pero que todavía faltaban meses para que eso ocurriera. A mí aquel diálogo me pareció lo más natural del mundo. Como referí antes, a través de Yajaira me he pasado la vida dialogando con su maestro, quien ha sido una fuente de anotaciones lúcidas, irónicas y profundamente humorísticas. No obstante, cuando entré y la médium describió a mis padres y me dio a entender que conocía la situación por la que había pasado, quedé estupefacto. Pensé que estaba leyendo mi mente, que se trataba de un fenómeno de telepatía, pero incluso en caso de que así fuese, no dejaba de asombrarme. Con el paso de los años he llegado a creer que la médium se conectó con mis padres a través de mí. Es decir, mis padres viven en mí, en mi psique, en mi memoria, y en esa misma medida están vivos porque están conmigo, de modo que ella no estableció un vínculo con mis padres sino con lo que de ellos vive en mí. Esto no minimiza la importancia de la experiencia, más bien la potencializa en su belleza.

Por supuesto, desde el punto de vista racional nada de lo que acabo de referir es posible, pero lo cierto es que ocurrió y negarlo sería baladí. La legión de mis amigos liberales racionalistas seguramente se reirá a carcajadas con esto. Nada, ocurrió. No hay remedio. No me cuento entre los millones de personas en el mundo que creen que el hombre es fruto de la voluntad de Dios (el creacionismo), como se afirma en la Biblia; sigo lo evidente: Darwin y la evolución de las especies; creo que el cambio es el desiderátum de la vida y, en consecuencia, nada es inmortal y eterno, de modo que no creo en el alma que transmigra y encarna eternamente o alcanza el nirvana hinduista y se esfuma para siempre.

Por cierto, una encuesta Gallup de 2012 arrojó un resultado difícil de creer. Hecha en los Estados Unidos, la encuesta señaló que solo el 15% de la gente cree que el ser humano evolucionó sin intervención divina; el 32% cree que el ser humano evolucionó lentamente, pero que Dios orquestó todo el proceso; el 46% cree en lo que dice la Biblia: que Dios creó al ser humano en su forma actual (Harari, 2016: 120). De modo que cuando digo que muchos siguen el «creacionismo» no es retórica. Al menos en la primera potencia militar y científica de la Tierra es así. No deja de sorprenderme y estremecerme.

Lo cierto fue que salí alegre de la consulta con la médium. Mis padres velaban por mí. Es reconfortante saberlo por esta vía metafórica, a través de una persona desconocida a la que, probablemente, no vea nunca más en mi vida. Nuestros padres, abuelos y antepasados más remotos están con nosotros. Son nuestros ancestros, nuestra conexión genética con la vida larga, con el pasado. Este tema es infinitamente más importante de lo que la gente advierte.

En este momento recuerdo un poema bellísimo de Eugenio Montejo sobre este asunto angular. «Tiempo transfigurado» se titula:

> La casa donde mi padre va a nacer
> no está concluida,
> le falta una pared que no han hecho mis manos.
>
> Sus pasos que ahora me buscan por la tierra
> vienen hacia esta calle.
> No logro oírlos, todavía no me alcanzan.
>
> Detrás de aquella puerta se oyen ecos
> y voces que a leguas reconozco,
> pero son dichas por los retratos.
>
> El rostro que no se ve en ningún espejo
> porque tarda en nacer o ya no existe,
> puede ser de cualquiera de nosotros,
> –a todos se parece.
>
> En esa tumba no están mis huesos
> sino los del bisnieto Zacarías,
> que usaba bastón y seudónimo.
> Mis restos ya se perdieron.
>
> Este poema fue escrito en otro siglo,
> por mí, por otro, no recuerdo,
> alguna noche junto a un cabo de vela.
> El tiempo dio cuenta de la llama
> y entre mis manos quedó a oscuras
> sin haberlo leído.
> Cuando vuelva a alumbrar ya estaré ausente.

Refiramos ahora otra experiencia bogotana. La que tuvimos con los mamos. Sigo hablando en plural porque Guadalupe me acompañó en todos estos eventos y tuvo sus experiencias también.

¿Quiénes son los mamos? Los sacerdotes o autoridades máximas de una etnia denominada kogui que habita en la Sierra Nevada de Santa Marta en su vertiente norte. Se estima que son unas diez mil personas, con su propia lengua, emparentadas con los tayrona. La lengua de los kogui es arahuaca, que, a su vez, forma parte del universo chibcha. El mamo encarna la ley sagrada.

Uno de estos chamanes baja de la Sierra Nevada y atiende a gente en la ciudad cada cierto tiempo. Nos anotamos en su agenda y fuimos. Primero me recibió una tarde y me dijo que volviera al día siguiente a las 7 de la mañana. Me dio instrucciones para la noche. Dijo: «Compre una botella de agua mineral. En su casa, se desnuda completamente y se posa sobre una ponchera plana. Échese el agua de la botella en la cabeza y deje que corra por su cuerpo. Una vez que toda el agua esté en la ponchera, recójala y viértala en la botella de plástico otra vez. Venga mañana con esa botella de agua y una foto de su mamá». Seguí sus instrucciones al pie de la letra.

Al llegar al día siguiente me dio un papel y un bolígrafo y me dijo: «Escriba allí los diez elementos que usted no quiere en su vida». Una vez escritos se los entregué. Él tomó el papel y lo fijó alrededor de la botella de agua con una liga. Metió la botella en una bolsa de mercado blanca y anudó muy bien la bolsa. Me entregó la botella en su bolsa y me dijo: «Ahora dele vueltas a la botella con su mano derecha sobre su cabeza y repita conmigo lo que yo vaya diciendo». Allí comenzó un discurso en voz baja y fue alzando la voz a medida que avanzaba, mientras yo repetía y le daba vueltas a la botella en mi cabeza. Así fuimos hasta un clímax muy alto en el que casi estábamos gritando y, de pronto, se detuvo y dijo: «Terminamos». Entonces, me pidió la bolsa y la botella. Las tomó con asco. Desanudó la bolsa y extrajo la botella. Me entregó el papel con las letras ilegibles, se habían borrado casi completamente. Y me entregó la botella. El agua estaba completamente negra y con una nata de aceite negro, como petróleo, en el tope. Me dijo: «Allí quedó todo. Váyase liviano». En efecto, me fui liviano, con los pies ligeros. Entre sorprendido y satisfecho. Algo había pasado, sin la menor duda.

Los nudos gordianos de mi vida de entonces no se deshicieron. Siguieron allí, más allá de la metáfora hermosa del agua aceitosa, donde quedaron mis dolores. Hubo una ilusión, eso sí, en lo inmediato me sentí ligero, como si nada pesara en mi psique, pero al día siguiente todo seguía igual. Quedaba la magia del mamo. ¿Cómo fue que el agua clara se tornó en aceite negro? No tengo la menor idea, pero pasó ante mis ojos y no puedo dudarlo. El mamo motorizó unas fuerzas que desconozco. No quise volver a consulta con el mamo. La magia me interesa mucho por su poder metafórico, pero le tengo respeto. Algo me dice que no hay que ir demasiado lejos con ella, algo me dice que por allí no es, que por ese camino llegamos hasta un punto y no podemos continuar.

Después de dos años en Bogotá comencé a experimentar una depresión. Me subieron mucho el azúcar y la tensión arterial y tuve que ir al médico. Varios factores incidieron en aquel cuadro depresivo. Uno que al principio no me afectó (quizás porque era una novedad): el clima. En Bogotá llueve todos los días, el sol sale muy poco y por momentos, de modo que lo usual es el cielo encapotado. Este clima, a los dos años, comenzó a incidir negativamente en mi ánimo. A ello se sumó que la novedad entusiasmante de emprender una nueva vida había concluido y ahora venía la dura cotidianidad. Lo que al principio no pesó en mi condición de inmigrante, ahora sí pesaba: cualquier persona nueva que conocía no tenía ningún hecho en su pasado en común conmigo. Ni los colegios o universidades donde estudiamos, ni amigos, ni lecturas, ni televisión, casi que ni cine en común, poca música. En suma, un universo de referentes diferente que dificultaba el reconocimiento. Esto a los 51 años, edad en la que emigré, no son «conchas de ajo», como pude comprobar una vez pasada la novedad de la nueva experiencia. Otro factor: comencé a sentir que era un extranjero, que sentirme plenamente incluido en aquella sociedad que me recibía amablemente tomaría muchos años (¿10? ¿20?).

Tómese en cuenta que no estaba llegando a Miami, una ciudad que no tiene 100 años de fundada, nadie es de allí y su historia es insignificante; estaba llegando a Bogotá, una ciudad con casi 500 años de fundada, con élites antiquísimas, con estratos sociales marcadísimos, con mucha solera histórica. Nada parecido a la trama de autopistas que es Miami, sin pasado y, en consecuencia, sin alma. Por lo contrario, Bogotá tiene un alma portentosa. Quizás por todo esto comencé a sentir nostalgia por Caracas, por mi vida caraqueña. Mis hijos, mis alumnos, mis colegas, mis amigos. La vida de pronto se me tiñó de melancolía. Fue como si de repente hubiese visto la película de mis próximos 20 años en Bogotá y no quise vivirla. Fue entonces cuando busqué ayuda. Felizmente, allá está un psicoanalista venezolano de primer orden: Eduardo Carvallo. Toqué su puerta.

Corrían los meses finales de 2012 y estaba yendo una vez por semana al médico a controlarme el desarreglo de la tensión y el azúcar, cuando comencé a ir donde Carvallo. Era evidente que el cuerpo estaba mandando mensajes que debían ser atendidos. Por supuesto, el internista que me veía no tenía ninguna capacidad para relacionar psique y cuerpo: era de estos médicos mecánicos que creen que el cuerpo es solo el cuerpo. Un médico joven y atrasado, formado en una de esas escuelas de Medicina inspiradas en la concepción norteamericana, esas que ignoran el sentido integral del paciente. Este médico no te recibía más de 15 minutos y no te oía, solo estaba interesado en el resultado de los exámenes. No tenía ninguna vocación humanista. Así como era médico, ha podido ser mecánico de automóviles. Uno de estos especímenes que te hacen maldecir las escuelas de Medicina moderna occidental.

Olvidaba señalar un factor esencial de mi depresión: por más que había sido recibido de mil amores en la universidad, tenía un buen trabajo y un entorno afectivo amplio e intenso, yo no estaba en Bogotá por decisión propia. El destino me había llevado hacia allá sin que mi voluntad interviniera. Al principio esto no me afectó. Lo acepté con mansedumbre y humildad, pero poco a poco el hecho de haber vuelto a una suerte de orfandad adolescente, abriéndome camino en una sociedad desconocida, sin que ese fuese mi proyecto de vida, comenzó a pesar en mi psique. Entonces caí en cuenta de lo que me había pasado: estaba en duelo. Mi propio *black dog* (así suelen llamar los ingleses a su depresión) me tenía aprehendido por el tobillo. Había que vivir la depresión, de nada sirve eludirla con pastillas.

En mí la depresión avanzó lentamente; al principio se manifestó como un toque de melancolía, pero con el paso de los días fue invadiendo el deseo y la voluntad, y fue entonces cuando se allanó el terreno para el imperio de la apatía, la indiferencia. Para entonces, ya estás en el camino de perder peso porque la inapetencia ha tomado tus instintos nutricionales; también dejas de tener interés por lo erótico, y no escuchas sus silbidos, como si fueses sordo. Todo va mitigándose, apagándose lentamente. Otro instinto en mí poderosísimo comenzó a nublarse: no me interesaba leer. Lo único que el cuerpo y la psique me pedían era estar en cama, recostado. Allí fue cuando Guadalupe advirtió lo que me estaba pasando y buscó ayuda. Con apenas dos o tres sesiones con Carvallo, con sueños en la mano, anotados al despertar, antes de que se borren de la memoria para siempre, los instintos comenzaron a activarse de nuevo. Pocas semanas después de iniciar la terapia, quise comer, quise leer, fuimos al cine, me gustó otra vez caminar por la carrera 11, el supermercado recobró su colorido. No me canso de repetirlo una y mil veces: los especialistas saben cómo tratar estos cuadros depresivos, no tiene ningún sentido enfrentarlos sin su ayuda. Otra vez lo digo: la experiencia psicoanalítica es de las más importantes que un ser de nuestro tiempo puede tener. Sin la maestría de Carvallo el *black dog* hubiese seguido ladrando en mí, cobrándose todos mis instintos y dejándome postrado, sin respuestas. Vuelvo sobre lo que dije antes. Durante la depresión el deseo y la voluntad se minimizan; la determinación y la ira desaparecen. Para entonces, las somatizaciones son varias, en mi caso el azúcar y la hipertensión, en otros el estómago, la dermatitis alérgica o la súbita alopecia, la lista es larga.

No deja de asombrarme cómo mucha gente va a los médicos por cualquier cosa, y les gusta ir y creen en ellos, pero cuando se trata de un tema anímico creen que con su propia voluntad basta. Son humildes y obedientes cuando tienen un cuadro gástrico, pero titanes arrogantes cuando se trata de los llamados de la psique. Es incomprensible. Si supieran que la mayor parte de sus dolencias físicas provienen de cuentas pendientes con la psique, si lo interiorizaran y actuaran en consecuencia, los consultorios médicos se aliviarían un poco.

Por otra parte, la depresión hay que vivirla, en el fondo es una invitación muy importante cuya no aceptación es un error. Un psicoanalista catalán, Carlos Ventura Pallarols (1958), lo señala en entrevista con Montse Batlle, con singular agudeza. Afirma: «La depresión es un llamado a ir hacia abajo, aunque uno no quiera. Y este llamado habla, sobre todo, de tomar conciencia de que hay una dimensión interior en la vida. Habla de dejar de mirar afuera para empezar a mirar hacia dentro. Afuera ya no llama nada la atención y ahora solo podemos profundizar en nuestro interior. Esta es la posibilidad que nos abre una depresión. Un gran poeta y místico sufí llamado Rumí dijo: "El fracaso abre las puertas del reino"; yo diría que abre la posibilidad de abrir las puertas» (Batlle, 2016: 44).

Y ciertamente, combatir la depresión con pastillas solamente es dejar pasar una oportunidad de oro: aceptar la invitación que se nos hace de bajar hacia las aguas profundas, las más oscuras, las más lejanas de la superficie. Anestesiar es suspender el dolor por un tiempo determinado; pasado el efecto de la anestesia el dolor regresa con bríos. La anestesia ayuda a mitigar el dolor, pero el dolor está allí por algo y el descenso (la depresión) ayuda a verle el rostro. Sin ella no se llega hasta el fondo, se permanece en la superficie. De allí que evitarla, anestesiarla, es solo un paliativo temporal. Sobre este tema, Rafael Cadenas es, de los poetas venezolanos, el que más hondo ha bajado. Es el momento de citar fragmentos del poema «Fracaso»:

Cuanto he tomado por victoria es solo humo.

Fracaso, lenguaje del fondo, pista de otro espacio más exigente, difícil de entreleer es tu letra.

Cuando ponías tu marca en mi frente, jamás pensé en el mensaje que traías, más preciso que todos los triunfos.

Tu llameante rostro me ha perseguido y yo no supe que era para salvarme...

Me has hecho humilde, silencioso y rebelde... (Cadenas, 1978: 101).

Y, por último, traigo a cuento una observación notable del gran psicoanalista alemán Rüdiger Dahlke, en su libro *Terapias efectivas contra la depresión*. Apunta Dahlke otra visión sobre la depresión y recuerda la táctica a la que apelan algunos animales cuando están en peligro ante sus depredadores naturales: se hacen los muertos. Y hechos los muertos se salvan. ¿No puede estar pasando lo mismo con el ser humano deprimido? Ante un cúmulo de adversidades que no puede manejar se hace el muerto, se sustrae, minimiza sus funciones vitales para no sufrir. Esta observación es verdaderamente aguda y nos da otra visión de la depresión, la hace positiva y necesaria para sobrevivir. No obstante, es un hecho que muchos no salen de su táctica de «hacerse los muertos» y se quedan allí, muertos en vida o dan el paso del suicidio, que también ocurre. En este caso la táctica deja de ser autoconservativa y se torna letal para el deprimido. La frontera es delgada, evidentemente. Veamos ahora cómo lo dice Dahlke, aunque sea redundante: «En situaciones desesperadas muchas veces los animales se hacen los muertos, porque perciben instintivamente que es la mejor protección frente a condiciones que amenazan su vida. Esta es una imagen que posiblemente también valga para los depresivos, que en cierta manera se presentan como muertos y que dejan de participar en las actividades de la vida. El cerebro emocional (límbico) percibe a veces que la vida está amenazada y toma el mando, como sucedía hace mucho tiempo. Parece como si estuvieran muertos, por lo que ya nada los podrá conmover, derrotar o matar. La depresión podría ser una especie de reacción protectora exagerada del cerebro» (Dahlke, 2009: 263). Volvamos a la silla enfrente del doctor Carvallo, en su estudio bogotano.

Última inmersión psicoanalítica

Carvallo me dijo con meridiana claridad: «Si no traes sueños no hay análisis. Estate pendiente al despertar y anota rápidamente, de lo contrario el sueño se va y no lo recuperas nunca». Eso hice. Estaba alerta al despertar y anoté. Todas las semanas llevaba uno nuevo. Voy a referir algunos.

Sueño 1: Estoy con una pareja de viejos amigos en una casa de mi infancia en El Paraíso. No es mi casa, es la de unos primos. Nos han dado un pequeño anexo de la casa grande. Es una versión miniatura de la casa principal. Entre la pareja y yo mudamos muebles viejos al anexo. Lo hacíamos en pijama, atravesando el jardín de la casa grande, ayudados por dos muchachitos imprecisables. Desde el jardín veo que algo ocurre en el comedor de la casa grande y entro a saludar. Me encuentro con una conferencia que dan unos niños antropólogos, con un micrófono. De pronto, por las ventanas del salón comedor veo los ranchos de Antímano. Es exactamente la vista que tenía desde los salones de clases en la UCAB. Los colores de los ranchos se confundían con los platos que se veían ajustados a las paredes del comedor. Los muebles que cargábamos hacia el anexo eran: una cama vieja, un colchón y una armadura. La mudanza que hacíamos en pijama pasaba por el jardín o por dentro de la casa, que era bellísima.

Este es el sueño. Por supuesto, yo no tenía idea de cómo leerlo. Carvallo apuntó varios símbolos que advertía claramente. Estábamos en pijama, como adolescentes, recién saliendo al mundo, a la intemperie, cuando yo entonces tenía 54 años y la pareja de amigos casi setenta. Sin duda, se trataba de una metáfora de mi nueva condición de extranjero en un mundo apenas conocido. Los niños antropólogos que daban clases eran una imagen de mí mismo: una suerte de adolescente comenzando de nuevo. Nos mudábamos a otro mundo. Cuando el sueño ocurrió, la pareja de amigos vivía en Caracas, pero al año siguiente, en el 2014, tuvieron que salir de Venezuela por causa de una persecución política. De modo que estaban allí, en mi sueño, como prefigurados en su futuro. Otros símbolos curiosos: una cama y una armadura. El lugar de reposo y la escafandra del luchador, del que enfrenta las adversidades del mundo. A partir de estas imágenes trabajamos durante varias sesiones acerca de mi condición de extranjero y principiante. Naturalmente, una situación totalmente contraria a la que había vivido en mi país, donde mi familia tiene raíces de más de 400 años y yo había alcanzado cierta respetabilidad por mi trabajo, ya en la madurez. Ahora volvía a ser un muchacho que buscaba abrirse camino. El sueño así me lo decía y, en el fondo, me proponía que lo aceptara. ¿Qué lograría con resistirme?

Sueño 2: Estoy en un cuarto pequeño y me dispongo a recibir a siete personas que vamos a formar ocho alrededor de una mesa cuadrada (no rectangular). Una mujer y yo nos enamoramos de inmediato. Ella me habla muy cerca y me toca los hombros. Los dos vemos un grabado expuesto sobre la mesa. Un hombre altísimo me pide que le regale todos mis libros, dedicados. Somos como un grupo juvenil de los años ochenta. Ahora estamos todos alrededor de la mesa y el juego va a comenzar. No sé cuál.

Sueño 3: Llamo por teléfono a un joven indolente para que recuerde traerme a la hora una camioneta blanca con la que nos vamos a ir. Él responde somnoliento y me dice que hable con Ernesto. La imagen que surge es un camión que es conducido por mí desde la punta de un mástil altísimo, tan alto que casi no veo el camión abajo. Intento con gran dificultad estacionar el camión en un puesto, pero no lo logro. Me da vértigo conducir un timón desde esta altura. No sé cómo he llegado hasta allá arriba. Solo me veo arriba.

Sueño 4: Estoy en un salón muy bien amoblado y alfombrado, pequeño. De pronto en el medio del salón se ve como un cubo virtual de agua, flotando, como un acuario al que no se le ven los contornos. Veo pequeñas larvas y digo en voz alta que estas larvas van a traer muchos peces. De inmediato aparecen peces de todos los tamaños y colores. La escena termina. Ahora estoy con un viejo amigo que me está extrayendo de un costado de la espalda un quiste sebáceo, en el mismo salón. Entre los dos lo sacamos de mi costado. Sale la grasa, pero seguimos hurgando. Pareciera que hay algo más. Sacamos una especie de lumpia atada a un cordel. Siento una gran alegría de haber sacado aquel objeto extraño, como viviente. Lo recojo del piso y lo tiro a la poceta y bajo la palanca.

Sueño 5: En Los Naranjos de Las Mercedes, en el paseo Enrique Eraso, se abre un hueco enorme en la calle y se forma una piscina. Quienes estamos en nuestros carros atascados nos bajamos a bañarnos en la piscina. Es una fiesta. Muy hermoso. Salgo de la piscina hacia mi casa caminando y tanteo el bolsillo derecho buscando mi billetera: no está. Me devuelvo a buscarla en la piscina y no aparece. Me angustio.

No es posible para mí analizar estos sueños con la destreza de un psicoanalista profesional y avezado, como lo es en grado sumo Carvallo, pero sí puedo recurrir a un ensayo de Jung de un libro de 1940, *Realidad del alma. Aplicación y progreso de la nueva psicología*, intitulado «La aplicación práctica del análisis de los sueños». Allí el psicoanalista suizo afirma: «Solo muy raras veces puede interpretarse con aproximada seguridad un sueño aislado, poco transparente. Por eso atribuyo poca importancia a la interpretación de un solo sueño. La interpretación alcanza una seguridad relativa cuando abarca una serie de sueños que permite rectificar, en sueños sucesivos, los errores cometidos en la interpretación de los primeros» (Jung, 1957: 67). El segundo punto que se añade a este primero, sobre la necesidad de trabajar series de sueños, es el relativo a la importancia de los sueños primeros que tiene el paciente una vez iniciado el tratamiento. Apunta Jung que su experiencia le señala que allí está lo esencial, la nuez o el nudo que llevó al paciente al consultorio. También aclara que los sueños son expresión del inconsciente en el momento preciso que se está viviendo. De modo que no pueden tenerse como categorías genéricas acerca de la personalidad del paciente. Esto es de gran importancia. No puede decirse que fulano de tal es de tal manera con base en un sueño que tuvo, ya cualquier sueño es expresión inconsciente de una coyuntura en la vida de cualquiera.

Mis años en Bogotá llegaban a su final. En junio de 2013 regresamos a Caracas. De inmediato me reintegré a mis labores de profesor a tiempo completo en la Universidad Metropolitana. Traía la firme determinación de defender mis espacios personales. Ya había conocido los frutos de la soledad y el silencio como para entregarme a labores políticas, culturales o sociales que restaran tiempo a mi trabajo intelectual y espiritual. Traía la decisión de dar clases, investigar, escribir e intentaría, en la medida de lo posible, decirles que no a las solicitudes de conferencias, presentaciones de libros, prólogos, reuniones y un largo etcétera de actividades. Al apenas llegar recibí la invitación a participar en dos reuniones semanales. Una de estrategia política a la que dije claramente que no, y otra de amigos muy queridos que forman una peña desde hace 26 años y dije que sí. No pude decir que no a un programa de radio semanal en Unión Radio y lo estrenamos en abril de 2015. Ha sido una verdadera alegría. Se titula *Venezolanos. Un programa sobre el país y su historia*. Una hora hablando sobre un tema o un personaje, estructurado con base en series temáticas. Me da mucho trabajo elaborar los guiones, pero los resultados son tan hermosos y satisfactorios que lo hago con gran gusto. Además, constituye una ventana hacia mi país y mi gente que me llena de alegría.

A las semanas de haber vuelto fui al médico y me redujo la dosis de las pastillas para la hipertensión y el azúcar. Era evidente que los 2600 metros de altura de mi querida Bogotá no le sentaban bien a mi organismo. Me tomó meses acostumbrarme al clima humano caraqueño. Me había avenido con placer a la forma educada con que conversan los bogotanos. Todos escuchan a un interlocutor mientras habla, nadie interrumpe a otro. Se dialoga incluso con breves intervalos de silencio. La modalidad caraqueña en que cuatro personas se sientan a comer y terminan dos hablando y otros dos hablando, sin que tenga relación una conversación con otra, es desesperante. Ni hablar cuando son seis u ocho, es la Torre de Babel. Me asombra todavía cuánto me molestaba al principio. Ahora me he vuelto a acostumbrar al diálogo modo «periquera». Lo tolero, pero no me gusta. Esa es la verdad. Y echo de menos la urbanidad bogotana.

Antes de regresar me despedí del doctor Carvallo. Un psicoanalista eminente y una extraordinaria persona, sin la menor duda. Ahora había experimentado directamente lo que había leído en la obra de Jung y me había imantado desde el principio: la psicología arquetipal; el trabajo con los sueños y la sombra. En suma, la incorporación al hecho psicoanalítico y a la personalidad de todo aquello que la conciencia intentaba dejar debajo de la alfombra. Al igual que el racionalismo extremo que cree que no hay nada que respire fuera de sus linderos. Lo curioso de esta postura es que ni siquiera deja un resquicio de duda sino que niega toda posibilidad con una furia militante que termina despertando sospechas. ¿Por qué tanto encono contra la consideración del inconsciente y las emociones como factores esenciales de la personalidad? No lo sé, pero no cabe duda de que quien niega algo con mucha fuerza es porque ese algo lo perturba, lo descoloca, lo interpela.

Aterrizamos en Maiquetía en junio de 2013. Comenzaba una nueva etapa de mi vida. La experiencia bogotana, aunque exigente en muchos sentidos, había sido muy favorable. Escribí como nunca antes lo había podido hacer. Sin interrupciones, entregado en cuerpo y alma a la tarea. Allá escribí *Venezuela: 1728-1830. Guipuzcoana e Independencia*; *Las constituciones de Venezuela: 1811-1999*; *Venezuela: 1498-1728. Conquista y urbanización* y *Empresas venezolanas. Nueve historias titánicas*, todos publicados por Alfa. Publiqué, también, un poemario referido antes: *Un bonzo sobre la nieve*.

Recuerdo que cuando llegué a Bogotá una amiga me dijo que creía que yo iba a echar raíces allá, mientras otro amigo me dijo que iba a florecer en Colombia. Ocurrió lo segundo. Tres años de incesante y hermoso trabajo intelectual, junto a la tarea de la enseñanza. Buena parte de mi experiencia sociológica y académica bogotana está recogida en un libro del 2015: *La navaja de Ockham. Colombia, Venezuela y otros ensayos.*

De vuelta en Caracas:
Joseph Campbell y la mitología

La alegría que sentí al regresar a Caracas es difícil de describir. Recuerdo que al aterrizar el avión en Maiquetía se me anegaron los ojos y se me trancó la garganta. Había vuelto a mi país, a mi amadísimo país. Aquí nací, crecí y conozco a Caracas como a ninguna otra ciudad del mundo. Es mi ciudad. He viajado muchísimo desde niño y cuantas veces regreso, siento la plenitud de la vuelta a casa. Recordé entonces los bellísimos versos de Rumí:

> Busco a los de corazón desgarrado por la separación,
> pues solo ellos entienden el dolor de esta añoranza.
> Anhela el día del retorno cualquiera
> que sea separado de su tierra natal (Rumí, 1998: 46).

Lo primero fue aclimatarme a los ruidos de Caracas. En Bogotá hay mucho silencio, ayuda la altura de la ciudad. Cuando regresamos, en junio de 2013, ya las guacamayas se veían pasar con frecuencia. No tanto como ahora, que se han hecho un símbolo distintivo de la ciudad. Emociona verlas volar en parejas o en formaciones de a cuatro, trinando, veloces. Es un espectáculo hermoso. A las guacamayas se sumaban los pericos del edificio de enfrente y las guacharacas de siempre. Escandalosas y graciosas. Algunos ladridos de perros en zonas vecinas contribuían con el concierto. En las mañanas se escucha la alegría de los niños y adolescentes que juegan fútbol en las canchas que quedan al lado del edificio donde vivo. Es una algarabía bellísima, como una epifanía del destino. Había vuelto al trópico. A su luz única y emocionante; a la luz proverbial de mi ciudad queridísima, señalada por muchos viajeros desde tiempos coloniales, y ahora repotenciada en mi espíritu que añoró y clamó por su presencia. Los colores retomaron su tinte original, perdido entre la bruma de las alturas.

De vuelta a la labor de la enseñanza, también me propuse guardar tiempo para mis lecturas, para la soledad y el silencio. No estaba dispuesto a aceptar, otra vez, cargos gerenciales académicos ni de ninguna índole. No ha sido fácil, pero lo he ido logrando. También me aparté de amistades que lejos de sumar restaban. Seguí el principio según el cual para que alguien llegue es necesario que otro se vaya. También me dejo llevar por otro principio desde hace años: el de la navaja de Ockham, sobre el que he escrito en otro espacio, pero que podemos resumir como el de la tinta sobrante, que a su vez ha derivado en un sistema de opciones: entre varias posibilidades a tomar, lo más probable es que la correcta sea la más sencilla.

Desde Bogotá venía sintiendo la necesidad de sumergirme un tanto más en temas mitológicos, y quién mejor que Joseph Campbell para conducir el descenso. Había leído de él *El héroe de las mil caras*, un clásico con muchas ediciones y miles de lectores, pero esa lectura había ocurrido hace muchos años y requería repetirse, así como detenerse en otros libros (muchos de ellos formados con una suma de conferencias) que el norteamericano había escrito. Campbell murió en 1987, a los 83 años, y sus libros se siguen editando ininterrumpidamente.

Trabajé primero con *Los mitos. Su impacto en el mundo actual*, un libro esclarecedor en el que Campbell llega a unas conclusiones meridianas. Afirma: «Pues es un hecho –como creo que todos debemos reconocer– que las mitologías y sus deidades son productos y proyecciones de la psique. ¿Qué dioses existen, qué dioses existieron desde siempre, que no fueran producto de la imaginación humana? Sabemos sus historias; sabemos las etapas mediante las que se desarrollaron. No solo Freud y Jung, sino cualquier estudiante actual de Psicología y de religiones comparadas reconoce que las formas del mito y sus figuras pertenecen a la naturaleza esencial del sueño» (Campbell, 2014: 366). En pocas palabras, según Campbell, Dios es una creación de la psique de los hombres. Más adelante, abunda sobre la coincidencia en temas cruciales en las mitologías del mundo. Señala: «Esencialmente, en todo el mundo se encuentran los mismos temas mitológicos. Existen mitos y leyendas sobre nacer de una virgen, encarnaciones, muertes y resurrecciones, segundas venidas, juicios, etc., en todas las grandes tradiciones. Y como esas imágenes provienen de la psique, se refieren a la psique. Nos hablan de su estructura, su orden y su fuerza en términos simbólicos» (Campbell, 2014: 366).

Luego, penetra en un tema espinoso: la historicidad de la mitología. Es decir, si las mitologías se originaron en pequeñas comunidades en tiempos remotos, cómo van a tener vigencia hoy en día cuando el mundo entero es una sola aldea al alcance de un teclado de computadora. En tal sentido, afirma: «A este respecto, la dificultad a la que se enfrentan en la actualidad los pensadores cristianos parte de que su doctrina del Nazareno afirma que se trata de la única encarnación histórica de Dios; y lo mismo sucede en el judaísmo, con su no menos problemática doctrina sobre un Dios universal cuya mirada solo se ocupa de un pueblo elegido de entre todos los existentes en el mundo que él creo» (Campbell, 2014: 367). Menudo problema: la única encarnación divina según el cristianismo es Cristo. No aceptan encarnaciones divinas en India, por solo citar un ejemplo de un país de mil millones de personas donde, según sus tradiciones milenarias, además de Krishna, ha habido otras encarnaciones divinas. Y más difícil de sostener es el tema para los judíos: es incongruente que Dios, que creó todo el mundo con su amor infinito, solo quiera como suyo al pueblo elegido de los judíos. Es insostenible desde cualquier punto de vista.

Campbell ofrece una respuesta a partir de una constatación de la realidad del momento en que organiza el libro (1971), realidad que lejos de cambiar en contra de sus argumentos los ha ratificado con abundancia. Apunta nuestro mitólogo: «El fruto de tal historicismo etnocentrista es el pobre alimento espiritual actual; y las crecientes dificultades de los clérigos para atraer a *gourmets* a sus banquetes es la prueba definitiva que debería hacer que se dieran cuenta de que en los platos que sirven hay algo que no debe ser del todo sabroso. Estaba bien para nuestros padres y para las pequeñas áreas de conocimiento de su época, cuando cada civilización era única, más o menos, para sí misma. ¡Pero considere la fotografía del planeta Tierra tomada desde la superficie lunar!» (Campbell, 2014: 367). Esto lo escribe en 1971, antes de la creación de internet, en 1993, y antes de todos los adelantos científicos y tecnológicos de los últimos treinta años, que han sido asombrosos e imprevistos. Dicho de otra manera: si en 1971 se podía afirmar algo así, en 2018 hay muchísimas razones más para abonar su tesis.

No hay manera de sostener que mitologías producidas en un tiempo histórico determinado sigan sirviéndole a la psique del hombre contemporáneo, y la prueba es el vacío de las iglesias. Me pueden responder: las iglesias protestantes de los Estados Unidos en el centro del país están llenas. Es cierto, pero son personas que creen que provenimos en línea directa de Adán y Eva. Es decir, no son personas contemporáneas, son personas que viven en nuestro tiempo sin ser de él. Lo mismo ocurre con los islamistas que leen el Corán literalmente, sin exégesis. No son de nuestro tiempo, al igual que los protestantes lectores literales de la Biblia, o los católicos lectores de la Biblia sin exégesis, creyentes al pie de la letra de que se trata de la palabra de Dios. El problema no es menor (aunque para cualquier persona medianamente informada de nuestro mundo es un tema resuelto), ya que al día de hoy (todavía) millones de personas en el planeta creen que Adán y Eva son nuestros progenitores, que Alá habla en el Corán o que el pueblo judío fue escogido por Dios.

Más adelante, en estas conclusiones luminosas a las que llega Campbell en su madurez, después de haber auscultado todas las mitologías y religiones del planeta, no se ahorra explicaciones. Afirma: «En los primeros tiempos, cuando la unidad social más importante era la tribu, la secta religiosa, una nación o incluso una civilización, la mitología local era utilizada por esa unidad para representar como inferiores a todos aquellos más allá de sus fronteras, y a su propia inflexión local de la herencia universal humana de imaginería mitológica como la única, la verdadera y santificada, o al menos como la más noble y suprema. En esos tiempos resultaba beneficiosa para mantener el orden del grupo, para que sus jóvenes fuesen entrenados para responder positivamente a su propio sistema de signos tribales y negativamente a todos los demás, para reservar su amor para el hogar y proyectar sus odios hacia el exterior. Hoy en día, sin embargo, todos somos pasajeros de esta única nave Tierra (como la denominó en una ocasión Buckminster Fuller), arrojados en la vasta noche del espacio, yendo hacia ninguna parte. ¿Vamos a permitir un secuestrador a bordo?» (Campbell, 2014: 367-368). Lamentablemente, no solo hemos permitido secuestradores a bordo sino que los hemos escogido en elecciones libres y democráticas. Se adelantaba Campbell, los hechos de los últimos veinte años nos demuestran que estamos lejos de compartir una nueva mitología mundial y, por lo contrario, las mitologías locales intentan imponerse al resto del mundo con un furor inusitado. En este sentido, hemos dado un paso hacia atrás en los últimos años, lamentablemente.

En el libro *En busca de la felicidad. Mitología y transformación personal*, Campbell se adentra por otros caños. El capítulo dedicado a la necesidad de hallar el mito que anida en nosotros es notable. Huelga recordarlo, pero en el volumen pone la lupa en asuntos personales, más que en la irradiación colectiva del mito. Recurre a Jung, como es natural, y vincula la realización personal con el mito del héroe, del que nuestro autor es una autoridad. Por supuesto, también este mito lo han referido dos grandes mitólogos contemporáneos, Karl Kerényi y Mircea Eliade, autores de unas obras fundamentales para el estudio de estos temas. El primero acerca de la mitología griega, y el segundo es el gran historiador de las religiones de nuestro tiempo. Creó escuela y su obra será referencia por muchísimos años. No obstante, he escogido a Campbell por su claridad, por su escritura cristalina, por su lucidez, por su excepcional capacidad de síntesis y por la empatía que siento con su obra.

Campbell cree que la felicidad está vinculada con la realización personal y esta depende del hallazgo del mito que vive en nosotros y nos lleva a su decantación. También puede ocurrir que no abramos la puerta, que nos quedemos en el umbral, y que el tren pase de largo, que no sepamos escuchar su llamado o que, habiéndolo escuchado, no seamos capaces de salir de nuestra zona de confort en busca de nuestro destino, nuestra vocación. De hecho, es lo que les ocurre a millones de personas.

Jung, por su parte, trabajó el tema infinidad de veces. En lo particular a mí me parecen de una gran lucidez las respuestas que dio al final de su vida. En la última entrevista que sostuvo con Miguel Serrano en 1961, afirmó: «El hombre debiera vivir según su propia naturaleza; debería concentrarse en el autoconocimiento y, entonces, vivir de acuerdo con la verdad sobre sí mismo. ¿Qué diría usted de un tigre que fuese vegetariano? Diría, por supuesto, que es un mal tigre. Así, todo el mundo debe vivir de acuerdo con su naturaleza, tanto individual como colectivamente» (Jung, 2000: 438). Aquí advertimos la traza del pensamiento taoísta, que tan cercano y propio fue de Jung. En esencia, lo que ha dicho el suizo es nuez para el taoísmo.

Un año antes, en 1960, le concedió una entrevista que no tiene desperdicio al periodista británico Gordon Young. Es meridiana, solar. Young le pregunta: «¿Qué factores considera usted más o menos básicos para una felicidad en la mente humana?», y Jung le responde: «1) Buena salud física y mental. 2) Buenas relaciones íntimas y personales, como matrimonio, familia y amistades. 3) La facultad para percibir belleza en el arte y en la naturaleza. 4) Un nivel de vida razonable y un trabajo satisfactorio. 5) Un punto de vista filosófico o religioso capaz de salir airoso ante las vicisitudes de la vida» (Jung, 2000: 427). En la misma respuesta, líneas más adelante, otra perla: «Nadie puede alcanzar la felicidad a través de ideas preconcebidas» (Jung, 2000: 427). Luego, ante la insistencia del entrevistador, el viejo sabio aclara las aguas todavía más. Señala: «No es posible una vida feliz sin una medida de oscuridad; la palabra "feliz" perdería su significado si no estuviera equilibrada por la tristeza. Por supuesto, es comprensible que busquemos la felicidad y evitemos las ocasiones desafortunadas y desagradables, pese a que la razón nos enseña que tal actitud no es razonable por frustrar sus propios fines, ya que cuanto más deliberadamente busquemos la felicidad, más seguro es que no la encontraremos. Por tanto, es mucho mejor tomar los acontecimientos como vienen, con paciencia y ecuanimidad. Después de todo, quizá de vez en cuando haya para uno, en la bolsa de regalos relevantes e irrelevantes de Fortuna, algo bueno, afortunado o agradable» (Jung, 2000: 428). Hemos abandonado a Campbell momentáneamente, pero lo hemos hecho por su maestro y porque venía como anillo al dedo.

Aquellos primeros meses de nuestro regreso a Caracas el mitólogo norteamericano fue mi compañía, y no son pocos los terrenos esclarecidos para mí por sus ideas. El libro que había comenzado a escribir en Bogotá, *El petróleo en Venezuela. Una historia global*, me tomó tiempo retomarlo al pie del Ávila. Antes de volver a él escribí *Civiles*, organicé un libro de entrevistas, *Venezolanos excepcionales*, y escribí *La navaja de Ockham. Venezuela, Colombia y otros ensayos*. Le dediqué todo el 2015 a trabajar en el libro del petróleo. Estaba entonces tomado por el mundo exterior. De vez en cuando una voz interior me decía: «No me olvides, aquí estoy». Entonces, respondía a ella, dejaba la investigación y me entregaba a otros mundos. Al dejarme llevar por mis instintos se da una suerte de equilibrio: meses en investigaciones acerca de hechos y fenómenos exterioristas, que luego piden semanas de mirar hacia adentro. En cualquier tiempo, mis 25 minutos de meditación no faltan. Desde hace poco más de un año he añadido un elemento: el hielo. Me coloco una bolsa de hielo en la nuca cuando medito reclinado o en la cabeza cuando me siento. Seguramente esto no es ortodoxo, pero yo soy libre y experimento con lo que me parece. Tampoco es ortodoxo meditar acostado y a mí me funciona, lo aprendí de Paramahansa Yogananda, que alcanzaba puntos profundos de meditación recostado en cojines de plumas.

Un año después, en diciembre de 2017, volvimos a Madrid y, como siempre, revisé todas las librerías a las que suelo ir, y experimenté con otras nuevas para mí. Hallé un nuevo libro de Campbell, un libro de entrevistas con Bill Moyers: *El poder del mito*. Traducido al español, por cierto, por el polígrafo argentino César Aira.

Es un libro extraordinario, ya que todos los temas a los que Campbell les ha consagrado su vida de estudioso tienen que ser respondidos para televidentes. De modo que el esfuerzo de síntesis del entrevistado es notable. No puedo referirles todos los pasajes que me llamaron la atención. Escojo algunos. «Campbell: Id donde vuestros cuerpos y almas quieran ir. Cuando tengáis un sentimiento, no lo soltéis, y no dejéis que nadie lo destruya. Moyers: ¿Qué pasa cuando obedeces a tu corazón? Campbell: Llegas a la felicidad» (Campbell, 2017: 160-161).

Recordemos que estas conversaciones tuvieron lugar entre 1985 y 1986, cuando Campbell tenía 82 años. Era un *senex*, un sabio que estaba al final de su vida (murió en 1987), y estaba entregando las conclusiones de su trabajo. Toda una vida investigando acerca de todas las mitologías del mundo. Un sabio en su materia, como ha habido muy pocos. Y la conclusión es esta: sigue lo que te dice tu corazón, allí está la felicidad.

Lo otro señalable es su admiración por el budismo tibetano. Refiere haber tenido amistad con un monje budista que tuvo que abandonar el Tíbet en 1959, cuando China invadió y se produjo aquel horror, y el Dalai Lama y su gente se fueron a India. Entonces, afirma sobre su amigo y el budismo tibetano, en el diálogo con Moyers: «Campbell: Lo ha pasado realmente mal, pero ha sobrevivido con la voluntad y la paciencia de un santo. Nada lo perturba. Lo conozco y trabajo con él desde hace más de una década, y en todo este tiempo no he oído una palabra ni de recriminación contra los chinos ni de queja por el tratamiento que ha recibido aquí en Occidente. Del mismo Dalai Lama nadie oirá nunca una palabra de resentimiento o condena. Estos hombres y todos sus amigos han sido víctimas de una terrible conmoción, de terribles violencias, pero no albergan odio. De estos hombres he aprendido lo que es la religión. He ahí la auténtica religión, viva, hoy. Moyers: Ama a tus enemigos. Campbell: Ama a tus enemigos porque ellos son los instrumentos de tu destino» (Campbell, 2017: 211).

Conmovedor y actual. No hay que remontarse al pasado remoto. Esta tragedia ocurrió en 1959, en Tíbet, y sus víctimas están en el mundo y no sienten odio, después de que vieron su mundo destruido, vuelto cenizas, y les tocó el trago amargo del exilio perpetuo. Un horror. Antes, ha dicho Campbell que lo más cercano que conoce a una mitología planetaria es el budismo, de modo que será este universo mitológico el que sienta más cercano de su corazón.

Sobre lo anterior, vuelve en las páginas finales del libro. Afirma: «El lugar que hay que encontrar está dentro de ti. El atletismo me enseñó algo sobre esto. El atleta que está en plena forma tiene un lugar de sosiego dentro de él, y es alrededor de este sitio, de algún modo, donde tiene lugar su acción. Si él está fuera por entero, en el campo de acción, no lo hará bien. Mi esposa es bailarina y me dice que esto también ocurre en la danza. Hay un centro de sosiego en ti que debemos conocer y sostener. Si pierdes ese centro, estás en tensión y empiezas a despedazarte. El nirvana budista es un centro de paz de este tipo. El budismo es una religión psicológica. Parte del problema psicológico del sufrimiento: toda la vida es dolor; hay, empero, un escape al dolor; el escape es el nirvana, que es un estado de la mente o la conciencia, no un lugar en alguna parte, como el paraíso. Está aquí mismo, en medio del torbellino de la vida. Es el estado que hallas cuando ya no te mueven los deseos compulsivos, los temores o los compromisos sociales, cuando has encontrado tu centro de libertad y puedes actuar por elección a partir de allí» (Campbell, 2017: 215).

El último momento sublime de este libro está en las páginas finales, cuando se produce un contrapunteo entre Moyers y Campbell fascinante. Le pregunta Moyers: «Pero todos hemos vivido una vida que tenía una finalidad. ¿No lo crees? Campbell: No creo que la vida tenga una finalidad. La vida es un montón de protoplasma con la urgente necesidad de reproducirse y seguir siendo. Moyers: No es cierto… no es cierto… Campbell: Espera un momento. De la mera vida no puede decirse que tenga una finalidad, porque mira todas las diferentes finalidades que tiene por todas partes. Pero cada encarnación, podríamos decir, tiene un potencial, y la misión de la vida es vivir ese potencial. ¿Cómo lo haces? Mi respuesta es: sigue el camino del corazón. Hay algo dentro de ti que sabe cuándo estás en el centro, que sabe cuándo estás en el rayo de luz o fuera de él. Y si te sales del rayo de luz para ganar dinero, has perdido tu vida. Y si te quedas en el centro y no ganas dinero, aun así alcanzarás tu felicidad» (Campbell, 2017: 295). Una respuesta budista, sin la menor duda.

En dos o tres intervalos intensos de búsqueda interior mientras trabajaba en la superficie, volví sobre dos libros que había leído en mi adolescencia. De ellos me ocuparé de inmediato. Antes quiero decir que al regresar a mis orígenes constaté que había cambiado: tres años de extrañamiento de mi casa habían tallado mi psique. Era evidente que no era la misma persona. Había crecido. Tan es así que me adapté a mis espacios de otra manera. Cuánto bien nos hace vivir bajo otro cielo. Cuando regresas al tuyo, eres otro.

Dos libros iniciáticos:
El principito y Alicia en el país de las maravillas

A FINALES DE 2014 una editorial venezolana, Lugar Común, editó un libro de 1939 de Antoine de Saint-Exupéry, *Tierra de los hombres*. La guerra mundial estaba por comenzar. El libro es un ensayo, una autobiografía y una crónica y, quizás, una novela. En todo caso, no solo lo leí de un solo tirón sintiendo que una voz afín me hablaba, sino que me llevó a releer *El principito*, su clásico de 1943. Primero hagámonos eco de algunas afirmaciones en *Tierra de los hombres*.

Se lee: «Pareciera que la perfección fuese alcanzada no cuando ya no hay nada que agregar, sino cuando ya no hay nada que quitar» (Saint-Exupéry, 2014: 51). Nada más cierto. En perfecta concordancia con la navaja de Ockham. Muchas páginas después refulge otra observación que se enlaza con esta. Dice el aviador: «Pero la verdad, usted lo sabe, es lo que simplifica el mundo y no lo que crea al caos. La verdad es el lenguaje que libera lo universal» (Saint-Exupéry, 2014: 172-173). Qué belleza y qué idea tan poderosa la de la verdad como fuente de sencillez y orden, frente al caos que siembra la mentira. Qué seductor creer que la universalidad es fruto de la verdad. No estoy seguro de que así sea, pero es hermoso pensarlo y creerlo.

Al igual que *El principito*, esta historia (*Tierra de los hombres*) es de iniciación. Es decir, del que abre una puerta y se adentra en un mundo nuevo y subterráneo, no epidérmico. No utilizo el vocablo «iniciación» en el sentido de la ritualidad esotérica. En ambas historias, como suele suceder en estas experiencias iniciáticas, se pasa el umbral en soledad, se experimenta solo, se crece solo. Recordemos que el autor es un aviador profesional, que se desempeñó durante años como piloto de aviones postales franceses y volaba íngrimo, salvando grandes distancias, de día y de noche, de modo que fueron miles las horas que transcurrió en soledad, en noches estrelladas o tormentosas, dependiendo de las condiciones climáticas del vuelo. Ambos textos comparten el desierto africano como escenario. Es allí donde aterriza el piloto de uno y otro relato. Será allí donde se le presente al piloto el extraño personaje del principito. Innecesario aludir a la fuerza simbólica del desierto, la psique sabe de qué estamos hablando. En cuanto a la experiencia de la iniciación, me satisface la definición de Milena Carrara, por su claridad. Afirma: «La iniciación, esta experiencia existencial necesaria para la plenitud de la condición humana, representa uno de los fenómenos más significativos de la humanidad: la modificación ontológica del hombre y, en consecuencia, su nueva manera de relacionarse con la vida y el cosmos» (Panikkar, 2011: 10).

Cuando el principito sale a ver el universo de planetas mínimos que lo rodea, está en su periplo iniciático: penetra en lo desconocido. En el sexto planeta que visita, habitado por un geógrafo, recibe la sugerencia de visitar la Tierra. Aquí lo espera la serpiente, un ser desconocido para él, es lo primero que halla en África. Le pregunta: «¿Dónde están los hombres?», y la serpiente le responde: «Con los hombres también se está solo» (Saint-Exupéry, 2012: 69). No podemos olvidar que el principito es un niño (¿o adolescente?) solitario, que vive en un planeta minúsculo y que quiere tener amigos, además de las flores y los animales. Él sale al encuentro del otro y llega al desierto. Antes de conocer al aviador solitario se topa con distintos animales. La serpiente es la primera, valga el eco simbólico. (¿No fue la serpiente la que entregó a Adán y Eva el fruto prohibido y los sacó de la inconsciencia o la inocencia?). Luego, el encuentro con el zorro es el más importante, ya que le revela lo nuclear. Primero le señala la importancia de la domesticación y el amor, y después la importancia de los ritos. Pero la joya que le regala es esta: «Adiós –dijo el zorro–. He aquí mi secreto. Es muy simple: no se ve bien sino con el corazón. Lo esencial es invisible a los ojos» (Saint-Exupéry, 2012: 84). Y esto lo afirma el zorro, un animal presente en casi todas las mitologías del mundo, y en todas ellas símbolo de inteligencia y adaptabilidad, así como de capacidad de observación. Se dice que los zorros ven lo que nadie ve, de modo que autoridad sobre la materia tienen: «(…) no se ve bien sino con el corazón. Lo esencial es invisible a los ojos». ¿Conocía Saint-Exupéry el valor simbólico de los animales que trabajaba? ¿Había estudiado simbología o se movía por intuiciones? Me inclino por una combinatoria: había indagado en simbología y se movía por intuiciones. La resonancia de este texto es tal que, como ocurre con los grandes libros, cada vez que se relee se revela una faceta no advertida. Incluso, en la escogencia de los seres vivos hay una metáfora evolutiva: la serpiente corresponde con un nivel de desarrollo de las especies, el zorro (un mamífero) corresponde con otro momento de evolución del cerebro. En estos dos animales se condensan millones de años de evolución de las especies. ¿Lo sabía Saint-Exupéry? Veamos ahora otro libro de iniciación.

En el 2015 se cumplieron 150 años de la publicación de *Alicia en el país de las maravillas*. Charles Lutwidge Dodgson era el nombre del matemático y erudito en Lógica que firmaba como Lewis Carroll. Era británico, naturalmente. Recordemos que Alicia se queda dormida junto a su hermana mayor a la sombra de un árbol y todo lo que ocurre es onírico. El país de las maravillas es un sueño, pero en ese sueño todo ocurre porque Alicia se deja llevar por su curiosidad y sigue a un conejo que se ha metido por un tronco de un árbol hacia abajo, a su madriguera, y Alicia cae en un hueco profundo y al descender comienzan a ocurrir los hechos oníricos, de imposible ocurrencia en el plano de la conciencia. Es entonces cuando el inconsciente de Alicia comienza a expresarse y a ella, lógicamente, le parece que todos aquellos animales y monarcas están completamente locos, que no se rigen por ningún parámetro racional y que todo aquello es absurdo. Recordemos que ella toma un elixir y come un hongo, ambos le cambian el tamaño y llega a preguntarse quién es ella: ¿la diminuta, la gigante, la mediana? De modo que el tema de la identidad está presente y ella va creciendo como persona durante la experiencia. Al final del relato, ya contradice las locuras de la reina y llega a darle órdenes, comienza temerosa ante aquel mundo extraño al que ha descendido, pero termina dueña de sí misma e imponiendo su voluntad. Es obvio que se trata de una metáfora del crecimiento, pero no podemos olvidar que los hechos ocurren en un sueño, el crecimiento ocurre en la psique. Se hace evidente que crecer es hallar un camino, y para ello conviene saber quién se es; esto le ocurre a Alicia cuando, ante las locuras de aquel inframundo, se atiene a su criterio, a sus intuiciones.

Cuando Alicia despierta y se da cuenta de que todo lo ha soñado, también entiende que el sueño no ha pasado en vano para ella, que de alguna manera aquel descenso ha sido una iniciación, que se ha producido un cambio en ella. Ya no es la misma. Ha cambiado. Ahora estará en su mundo de otra manera, de tal modo que lo que ha ocurrido en su inconsciente va a incidir en la gramática de su realidad consciente.

Tanto *El principito* como *Alicia en el país de las maravillas* son libros que abren una puerta, en este sentido son libros iniciáticos, y ambos lo hacen a partir de hechos de imposible ocurrencia en el plano de la consciencia, son hechos fantásticos que tocan la psique y provocan los cambios. Pareciera que para comenzar el camino necesitamos que un hecho nos sacuda, nos cambie, nos interpele. Para ello es necesario estar alertas y abiertos a un abanico de posibilidades; si estamos cerrados y circunscritos a nuestro ámbito de confort, nada ocurrirá con nuestras vidas. Hay un llamado al que hay que seguir (el conejo de Alicia) o hay una presencia que aceptar, por más que sea imposible (el principito que se le aparece al aviador extraviado en el desierto); siempre hay una señal que seguir, y el impulso que nos lleva a seguir o escuchar viene de adentro, de las intuiciones. Cuando desarrollamos conductas como llevados por una fuerza interior, podemos tener la certeza de que vamos bien, que el camino escogido es el correcto. Esto es igual para un tema espinoso que frustra muchas vidas. El de las vocaciones. Son muchas las personas que mueren de viejas sin haber tenido una vida signada por alguna vocación, en cambio veremos cómo las vidas plenas son aquellas que han tenido una vocación que los ha llevado a crecer y a construir, ya se trate de un empresario, un obrero, un médico, un agricultor. Cualquier oficio o profesión desarrollados desde la semilla de la vocación, del llamado interior, arrojará frutos hermosos. Lo que no es hijo de esta fuerza interior que mueve, se le nota en la factura, en el resultado final.

Por todo lo anterior es que la mejor pedagogía sugiere que nos dediquemos a hacer aquello que nos resulte más fácil, ya que si ello ocurre es porque contamos con talentos para la tarea, y si contamos con talentos es porque nuestra psique está ganada para la siembra. También podríamos decir que sigamos lo que dice nuestro corazón y no lo que señala nuestro cerebro, en casos esenciales de nuestra vida, en las encrucijadas. ¿Es posible que nos equivoquemos siguiendo al corazón? Sí, la personalidad está más tejida por nuestros errores que por nuestros aciertos. Lo importante es la disposición a aprender, y a levantarse después de caído, sacudirse el polvo y seguir el camino. Pero dije camino, esto es lo esencial: hay un camino. Y este camino es el que se nos esclarece ante la posesión de un llamado vocacional: «Esto es lo que me gusta hacer. No haré otra cosa».

El año 2015 y el 2016 siguieron su curso. Las clases en las universidades, las investigaciones, los libros, las lecturas, el programa de radio semanal y dos personas que vinieron a cambiar mi vida: Guadalupe y Almudena. Mis nietas y vecinas. La actividad que más nos ha acercado es el baile, la música y la coreografía. Guadalupe baila en una escuela de flamenco, tiene cuatro años, y Almudena, de dos años, emula a la hermana. Yo les propongo coreografías. Les hago movimientos de las manos y las piernas y pasos a un ritmo que me invento y ellas lo siguen, pero también pasa que Guadalupe inventa el ritmo, las letras, y yo las sigo, y nos reímos muchísimo. Siempre se ha dicho que ser abuelo es una condición especial, y es cierto. El amor que sentimos por las nietos es difícil de explicar. Es distintísimo al que sentimos por los hijos. Creo que la clave está en que no nos interpela la misma responsabilidad por los nietos que la que tuvimos por los hijos. Esto alivia la carga, la libera, la agiliza, la acerca a un don inapreciable: la liviandad. Los primeros en sentir que el amor que reciben es distinto al de los padres son los nietos. Ellos cuentan con los abuelos como quien tiene un reducto, una zona franca, donde se les quiere sin condiciones de ningún tipo y no están de por medio las negociaciones. Este amor que reciben de los abuelos es imposible, e indeseable, que lo reciban de los padres. Los arquetipos son distintos. Los abuelos no tenemos la tarea de establecer límites, los padres sí. Nuestra presencia es fugaz (los vemos un rato), la de los padres es lo contrario. De modo que en la psique de los nietos, estos nos vinculan con espacios ajenos al deber, al orden y casi por completo imantados por el juego. La gran fascinación de la infancia es jugar. Y mis nietas me han regresado al juego, quizá por eso volví con tanta facilidad a estos dos libros que he aludido. Las veo iniciarse en el mundo de la experiencia, en el onírico (Guadalupe me contó un sueño que tuvo con unos monstruos), y de alguna manera yo revivo el trance de iniciarme. Han sido años hermosos, más allá del entorno en que vivimos, pero aquí no estamos para relatar ese mundo, estamos para la otra búsqueda.

El accidente de la puerta contra la columna, George Steiner, la astrología

A finales de 2016 fuimos a Madrid a conocer a nuestra nieta recién nacida, Olivia. Salimos a mediados de diciembre. Antes, ya de vacaciones de la universidad, enfrenté varias tareas domésticas y vehiculares. Mi carro se quedó sin batería y es automático, de modo que «no prende empujao». Busqué a algún conductor amigo en el edificio que me auxiliara y hallé a uno con «cables de batería» que me hiciera el favor, pero no encendió. Al día siguiente, obstinado, busqué a otro con un carro más grande y conseguí unos cables prestados. La camioneta que me prestaron para auxiliar mi carro era vieja y tenía un defecto: no le entraba fácilmente el retroceso. El chofer me lo advirtió y se fue, ya que trabajaba para una señora del edificio y no podía él mismo ayudarme.

Auxiliamos el carro y prendió el arranque. Me bajé de la camioneta para desconectar los cables y la puse en neutro, creí yo, ya que al apenas abrir la puerta la camioneta comenzó a rodarse hacia atrás y la puerta me aplastó a mí contra una de las columnas de concreto que sostienen el edificio. Inmediatamente sentí que se me iba el aire y le vi el rostro a la parca, pero no sé de dónde saqué fuerzas y con los brazos me empuje contra la columna y saqué el pecho; ahora me quedaba medio cuerpo aplastado. Sentía ya un dolor punzante en los huesos de las rodillas y volví a sacar fuerzas y me empujé contra la columna (batallaba contra el peso de la camioneta que se deslizaba hacia atrás) y logré sacar una pierna y luego la otra. Estaba a salvo. Me monté en la camioneta y le puse el freno de mano.

Nunca antes había estado cerca de un desenlace fatal, al menos que yo recuerde. Curiosamente, no me sentí nervioso, ni en el trance del accidente, ni después. No sé si esto se deba a mi edad. Ahora siento mucho menos responsabilidad por una ausencia mía que antes. Me asiste la sensación de haber cumplido con mis hijos; lo hice con mis padres hasta su muerte, hace 21 años, de modo que si la muerte me alcanza, ya no sería la tragedia que puede serlo si los hijos no se han emancipado o si los padres te necesitan para sobrellevar la vejez. No es mi caso. No obstante, tengo la convicción de que lo que vine a hacer a este mundo no ha concluido, hay tareas pendientes. No sé por qué, pero desde adolescente tengo la sensación de que debo pagar una deuda con la sociedad que tanto me dio, y que mis aportes deben ser correspondientes con los que recibí, de allí que sienta que el encargo no está hecho todavía.

A los pocos días del accidente nos fuimos a Madrid. Fue un viaje bonito, con el clima de estos días en esa ciudad entrañable. El 2017 amaneció con frío allá y aquí. La primera semana de enero ya estaba en el aula con los alumnos. Entre los libros que compré en Madrid estuvo uno extraordinario: *George Steiner. Un largo sábado. Conversaciones con Laure Adler.* Dada la avanzada edad de este gran pensador judío (nació en 1929), puede tenerse como una suerte de testamento. El primer libro que devoré de Steiner fue *La muerte de la tragedia*, publicado por Monte Ávila Editores en 1971, pero leído por mí a principios de la década de los años 80. Después he ido leyendo casi toda su obra, y de su vastedad privilegio dos libros: *Elogio de la transmisión* y *La idea de Europa*, sobre los que alguna vez he escrito reseñas y comentarios.

Hasta la lectura de estas conversaciones con Steiner no lo había incluido en esta indagación, pero leyendo sus respuestas advertí que en mí anida una admiración que no he hecho explícita en estas páginas: la que siento por los judíos, y quién más puede ser el judío de nuestro tiempo que Steiner. Las afirmaciones del pensador son de tal calibre en esta conversación que voy a consignar y comentar las que más atañen al asunto que examino en estas páginas.

En relación con el hecho de ser judío, Steiner afirma: «Creo que el judío tiene una misión: la de ser un peregrino de las invitaciones. La de ser por todas partes un invitado para tratar, muy lentamente, dentro de los límites de sus capacidades, de explicar al hombre que en la tierra todos somos invitados. De enseñar a nuestros conciudadanos de la vida que debemos aprender ese arte tan difícil de sentirse en casa en todas partes» (Adler, 2016: 29). Y luego, afirma tajante: «Dadme una mesa de trabajo y ya tengo una patria. No creo ni en el pasaporte –cosa ridícula– ni en la bandera. Creo profundamente en el privilegio del encuentro con lo nuevo… me gustan los árboles. En mi jardín los adoro. Pero cuando llega la tormenta se parten, caen a tierra; por desgracia un árbol puede ser abatido por el hacha o por el rayo. Yo puedo correr. Las piernas son un invento de primer orden y no quiero sacrificarlo» (Adler, 2016: 30). Finalmente, apunta: «Ser judío quiere decir pertenecer a una tradición de varios milenios de respeto por la vida del espíritu, de respeto infinito por el libro, por el texto, y significa comprender que el equipaje siempre debe estar preparado, que la maleta siempre debe estar hecha, lo repito» (Adler, 2016: 40). Luego, señala: «Para mí, ser judío es seguir siendo un alumno, uno que aprende. Es rechazar la superstición, lo irracional. Es negarse a ir al astrólogo para saber cómo será su destino. Es una visión intelectual, moral, espiritual, es sobre todo negarse a humillar o torturar al otro; es negarse a que el otro sufra por mi existencia» (Adler, 2016: 48).

Recordemos que Steiner no cree en la existencia de Dios y confiesa a sus años que ya no cree que vaya a hacerlo, pero naturalmente su dimensión espiritual no depende de su creencia en Dios. Lo espiritual, como hemos visto, es independiente de las formalidades religiosas. Más aún, dentro del formato de prescripciones de algunas religiones brilla más el fundamentalismo que la libertad, y sin esta última, cómo puede profundizarse en las aguas del espíritu.

Sobre el fundamentalista, conviene seguir lo dicho por Steiner: «La Biblia está llena de antropomorfismos muy primitivos y arcaicos. Podría hacerse –de hecho ya existe– una antología de los horrores y locuras de la Biblia. El libro de Josué es prácticamente ilegible, está lleno de odio racista, de odio militante, etc. En la Biblia hay de todo. A riesgo de ridiculizarme voy a confesarle algo: no soy religioso, soy probablemente volteriano –mi padre también lo era–, pero no comprendo cómo nos han llegado ciertos textos de la Biblia... Y envidio a los fundamentalistas para los que ese problema no se plantea, para los que se trata de un dictado de la palabra divina» (Adler, 2016: 79-80). Queda muy claro que la Biblia para Steiner es un libro fundamental de la cultura judeocristiana, pero de ninguna manera se trata de un libro sagrado.

No es necesario recalcar mi admiración por la obra de Steiner, pero sí los temas que me llevan a no comulgar con él. Uno es el psicoanálisis, acerca del que tiene unas opiniones lamentables. Su entrevistadora le pregunta: «¿Puede explicar su relación con el psicoanálisis?», y Steiner dispara: «Para empezar, su pregunta es hiperfrancesa. En Inglaterra nadie se toma en serio esas cosas. E Inglaterra supera tanto a Francia en el ámbito científico que algo debe querer decir... Para mí, Freud es un gran escritor en lengua alemana, y es muy significativo que haya recibido el premio Goethe, un premio literario. Es uno de los grandes narradores de mitologías y el gran amigo de las burguesías judías de la Viena de su tiempo» (Adler, 2016: 93). Pues reducir a Freud a esto, con tales niveles de ironía y «mala leche», lleva a pensar que nuestro querido Steiner está «resollando por alguna herida», ya que no es posible que un hombre de su estatura intelectual tenga una lectura tan simple de la obra de Freud. Esto apunta hacia otra diana. Quizá a la senectud, a cierta malcriadez, no sabríamos explicarlo. Luego, afirma: «Nadie ha conocido nunca a alguien que se haya curado con el psicoanálisis» (Adler, 2016: 94). Y sigue denostando del psicoanálisis con una saña sospechosa. En todo el libro no le hemos escuchado hablar tan mal de nada como del psicoanálisis. Por algo será. Lamentable.

Lo otro con lo que Steiner revela cierto reaccionarismo es con el cine. No solo no va nunca sino que lo desprecia, incluso llega a poner en duda su valor artístico. Increíble. De nuevo: ¿senectud? Puede ser, pero no asoma su rostro envejecido cuando explica el fracaso que ha representado el marxismo, ni cuando blande espada a favor de la eutanasia, o cuando el suicidio le parece una salida respetable. En estos temas vemos a un púgil joven moverse a sus anchas en el cuadrilátero. Hasta aquí el viejo Steiner. Nuestro gran judío.

A medida que avanzo con la escritura de estas páginas advierto que mis experiencias astrológicas no han sido referidas y me pregunto: ¿será que no son importantes para mí? Esto merece una respuesta. Lo son en un sentido y no en otro. En lo que se refiere a la caracterología de los signos zodiacales, no cabe la menor duda de que hay elementos comunes entre las personas pertenecientes a un mismo signo. Esto se comprueba a diario y, la verdad, es difícil no aceptar las evidencias. Jung advertía que los signos zodiacales eran arquetipos, y también vinculaba a los signos con los tipos psicológicos. Además, veía en la astrología una prueba más del inconsciente colectivo. No voy a abundar en esto apelando a alguna otra autoridad, con Jung basta.

Donde no encuentro evidencias claras es en el poder premonitorio de la astrología. Nada de lo que me han dicho los astrólogos ha ocurrido. Simplemente, nada. De allí que, de acuerdo con mi experiencia, no he tenido suerte con las facultades adivinatorias por parte de los astrólogos, por lo que he dejado de asistir a sus consultas. De hecho, ya han pasado varios años sin que haya vuelto a alguna, y fui a los mejores, a los más serios, a los más profesionales. Quizás estoy negando la utilidad premonitoria de la astrología basado en las lecturas incompletas de los astrólogos que he consultado, y también puede ocurrir que el abanico de posibilidades que presenta determinado cuadro cósmico en el devenir de un ser humano es tan grande, que precisar con antelación los hechos de su vida es una tarea casi imposible. Que los astros son como los dioses antiguos, como fuerzas que gravitan e influyen en la psique, suena convincente, lo que no sabemos es cómo ocurre. De allí que nos llevamos por evidencias, que abundan. En este sentido el trabajo titánico de Richard Tarnas en *Cosmos y psique* es asombroso. Seguir la correspondencia entre las cuadraturas astrológicas y los hechos históricos de la humanidad con tal nivel de detalle es, por decir lo menos, titánico como tarea, y sorprendente por los resultados que arroja. ¿Cómo negarlo?

Por otra parte, ¿cómo explicar las coincidencias de personalidad y salud entre miembros de un mismo signo zodiacal? No tengo la menor idea. No hay explicación científica ni de ninguna especie que pueda ser convincente. Sin embargo, allí están las evidencias. Todos los capricornianos que conozco somos parecidos, tenemos las mismas dolencias físicas (las rodillas, la piel), somos perseverantes y empecinados; durante la niñez, la adolescencia y la juventud somos precocísimos, y durante la vejez nos mantenemos más jóvenes de lo usual. Todos somos metódicos y trabajadores, y ninguno de nosotros es el alma de la fiesta, jamás. Estamos más cerca de la serenidad que del jolgorio, y nos avenimos mejor con la soledad, aunque necesitamos la relación amorosa (erótica) como el agua de todos los días. En fin, estas generalizaciones, con pequeñas variaciones, las encuentro en cuanto capricorniano se me presenta en el camino. ¿Cómo obviarlo? ¿Por qué ocurre? Otro misterio.

¿Me han servido de algo las consultas astrológicas? Ya dije que en su aspecto predictivo no, pero sí me han servido para el conocimiento de mí mismo. Cuando me han leído la carta natal y lo que el astrólogo deduce de mi personalidad a partir de su lectura, sí me han dejado una experiencia enriquecedora. No puedo decir más, ni menos. También debo insistir en que me han servido para conocer un poco más a las personas, sin que siga sus prescripciones al pie de la letra; es cierto que los signos zodiacales funcionan como tipos psicológicos que te dan una pauta inicial sobre las personas. Ya después vienen las singularidades, que son muchas, y el perfil inicial cambia.

El año 2017 estuve atareado con un encargo que resultó mucho más interesante de lo que esperaba: una historia del deporte en Venezuela. Me conecté con emociones de mi infancia y juventud, cuando practicaba el fútbol, el béisbol, el *ping-pong* y el motociclismo. Fue interesante. También, todo el año estuve respondiendo preguntas que mi amiga Carmen Verde Arocha me formula para un libro de conversaciones conmigo. Hemos tocado fondo. Unas veces las preguntas son en persona, otras me las envía al correo electrónico y respondo con calma, pensándolas. Ha sido una nueva experiencia de introspección y una hermosa oportunidad para responder sobre asuntos que estaban flotando y nadie me había preguntado, ni siquiera yo mismo. A Carmen la conozco desde 1990, cuando entró a formar parte de un taller de poesía en Monte Ávila Editores que yo guiaba. Tenía 23 años y estaba por graduarse en Letras. Hoy en día es una de nuestras más hondas poetas, una editora como pocas y una profesora universitaria estimadísima por sus alumnos. Una mujer admirable que ha ido realizando todos sus sueños. Además, es una de mis mejores amigas, me conoce y me quiere, dos presupuestos importantes para conversar «a calzón quitao» con miras a desnudar una vida y un trabajo.

Hemos avanzado mucho, pero al libro todavía le falta mucha criba, muchas facetas por explorar. No obstante, lo importante es que la psique se mueve con sus preguntas, que me cuestiona, que me interpela, que me pone a trabajar. En estas lides pasé el 2017, junto con la lenta escritura de una investigación histórica sobre Caracas. Pretendo historiar la ciudad, desde su fundación y hasta nuestros días. En eso estoy, también, además de las clases, la radio, las conferencias, un curso nuevo sobre literaturas orientales que ha sido una fiesta, y un club de lectura de la obra de Rafael López-Pedraza, un verdadero privilegio al que me invitaron a participar, en el «club de los sábados», de un grupo de psicoterapeutas y otros que no lo somos. Mientras todo esto ocurre, el país se viene abajo, los emigrantes ya son millones, asistimos a una suerte de hecatombe dolorosísima que no forma parte de estas indagaciones. Ya tengo que recoger las velas; de lo contrario, esta navegación no llegaría a puerto jamás y me perdería en los océanos o naufragaría por la fuerza de algún huracán. Vayamos a puerto.

Apuntes finales

En 1983 el psicólogo norteamericano Howard Gardner identificó ocho inteligencias, recogidas en su libro *La teoría de las inteligencias múltiples*. Desde entonces y hasta nuestros días se ha escrito muchísimo sobre el tema. Gardner abrió la puerta. Las ocho fueron: inteligencia lingüística, musical, lógico-matemática, corporal y kinestésica, espacial y visual, intrapersonal, interpersonal y naturista. Poco tiempo después (1995), el psicólogo también estadounidense Daniel Goleman definió y precisó la inteligencia emocional, recibiendo de la comunidad científica tanta atención como la que obtuvo Gardner con sus primeras ocho inteligencias.

En el mundo hispanohablante, el filósofo español José Antonio Marina ha trabajado mucho el asunto de las inteligencias, arrojando luz sobre el tema. Sus libros *El vuelo de la inteligencia* y *La inteligencia fracasada* son esclarecedores. En este segundo, Marina afirma: «La inteligencia fracasa cognitivamente cuando mantiene creencias blindadas. Los prejuicios, la superstición, el dogmatismo y el fanatismo son fenómenos sociales antes que personales. Hay culturas que los fomentan y los protegen» (Marina, 2004: 149). Lo mismo estimulo en mis estudiantes: la práctica del pensamiento crítico. Hay que dudar, dudar de todo, pensar, estar atentos a los resortes automáticos del estereotipo, de allí que cualquier forma de inteligencia que sea considerada como tal lo es porque no repite, porque quien la detenta crea, busca otros caminos, indaga. La némesis de cualquier inteligencia es la rutina, desalmada.

Entre las nuevas inteligencias que se han definido está la inteligencia espiritual, muy bien trabajada por Francesc Torralba, y también aludida por muchos otros. Todas estas investigaciones tienen pocos años de haberse emprendido y sus resultados se han extendido por el tejido cultural y se escuchan estos conceptos en boca de mucha gente que los maneja, los entiende y los incorpora a su mundo y a sus valoraciones. Torralba se refiere a ella de la siguiente manera: «La inteligencia espiritual es propia y característica de la condición humana y, además, posee un carácter universal. Todo ser humano, más allá de sus características externas o internas, posee este tipo de inteligencia, a pesar de que puede hallarse en grados muy distintos de desarrollo. Toda persona tiene en su interior la capacidad de anhelar la integración de su ser con una realidad más amplia que la suya y, a la par, dispone de la capacidad para hallar un camino para tal integración» (Torralba, 2010: 55). Y ciertamente, queda claro que la inteligencia espiritual es independiente de que se profese alguna religión o no. Según Torralba, y en eso coincidimos, forma parte de la condición humana. La antropología cultural lo confirma. No es probable conseguir alguna etnia que no haya tenido una cosmovisión del mundo, un *religare*, un sentido trascendente de su existencia terrenal.

    En verdad lo que ocurre es que al imantarse todas las esferas de la realidad de explicaciones científicas, ya sea por la ruta liberal o por la del materialismo histórico, parte de la condición humana queda fuera de las explicaciones. Los hechos sobrenaturales, por ejemplo, están allí y la ciencia no puede explicarlos, entonces se les niega ironizando sobre ellos o los meten debajo de la alfombra. No tienen explicación científica. Ese es el problema y el desafío para el cientificismo fundamentalista. Por lo contrario, avanzan visiones científicas que, sin abandonar los parámetros de sus disciplinas, abrazan el misterio como una realidad ineludible. Bastan los ejemplos de los doctores Jung, Kübler-Ross y Alexander.

    Sobre el mismo tema en otra vertiente, Karen Armstrong da en el clavo: «La imaginación es la facultad de la que nacen la religión y la mitología. Hoy en día, el pensamiento mítico ha caído en descrédito; muchas veces lo desechamos por considerarlo irracional y autocomplaciente. Pero la imaginación también es la facultad que ha permitido a los científicos sacar a la luz nuevos conocimientos e inventar tecnología que nos ha convertido en seres inconmensurablemente más eficaces. La imaginación de los científicos nos ha permitido viajar por el espacio y caminar por la luna, proezas que antaño solo eran posibles en el reino de los mitos. Tanto la mitología como la ciencia amplían las posibilidades del género humano. Al igual que la ciencia y la tecnología, la mitología, como veremos más adelante, no consiste en desentenderse de este mundo, sino en capacitarnos para vivir de forma más plena en él» (Armstrong, 2005: 12-13).

En el mismo libro, Armstrong nos recuerda que en Grecia el *logos* (la razón) imantó la cultura totalmente y desplazó al mito. Este último vivía de la emoción, mientras que la razón se alimenta del pensamiento crítico. Para nadie es un secreto que el mundo occidental proviene de Grecia. El Imperio romano no pudo evitar su potencia cultural y se rindió a sus pies, suplantando el nombre de sus dioses; y buena parte del universo cultural judeocristiano pasó por la criba griega. De tal modo que el pleito es viejo: desde Platón una vertiente occidental quiere expulsar a los poetas de la República, junto con sus mitos y sus «emociones inservibles»; quiere expulsar al espíritu, que no hay manera de que entre dentro de los parámetros del *logos*, ni de su hija predilecta: la ciencia.

Es evidente que tocamos un viejo tema de nuestro mundo occidental en este trabajo, y para ello hemos dado un paseo por otras construcciones culturales que sin ser grecolatinas, ni descendientes de ellas en ninguna forma, han visto la realidad desde otras coordenadas. También hemos visto cómo hijos de Occidente han abierto la puerta de otras interpretaciones sin abandonar ni negar el *logos* de nuestro mundo. Entre mito y razón, ciencia y espiritualidad, siempre ha habido una tensión que tiende a que uno niegue al otro, cuando en verdad el mito no hubiera podido existir sin que la razón lo hubiese organizado; ni la razón se hubiera podido popularizar en forma de creencia sin que el mito tuviera la palabra. ¿No fue esto, precisamente, lo que hizo Pablo de Tarso con el

Cristo histórico? ¿No es el cristianismo una construcción mitológica organizada en sus orígenes por Pablo de Tarso, y luego acotada por Agustín de Hipona y Tomás de Aquino, valiéndose de Platón y Aristóteles? En otras palabras, la sola imaginación mítica del hombre no basta, se necesita que alguien le dé forma y eche a andar el mito. Sin mito, no hay religión.

Esta vuelta que he dado nace de otra idea de Armstrong según la cual necesitamos abrirle espacio al mito en nuestras vidas. En esto no estoy de acuerdo en su acepción literal. No es al mito al que tenemos que abrirle espacio hoy en día (tarea ardua después de las operaciones demoledoras de la ciencia), es al espíritu, al misterio, a lo inexplicable, a una fuerza interior que no sabemos cómo explicar pero que está allí, y que si la negamos rotundamente no hacemos otra cosa que creer que la desterramos de nuestro ámbito y que, por lo contrario, vuelve y vuelve a aparecer. Si optamos por amputarla del todo, pues también nos mutilamos nosotros mismos porque forma parte de eso que pudiéramos llamar la condición humana. No podemos vivir solo de *logos* si queremos ser entes de plenitud. Si desterramos a los poetas como lo quería Platón, pues nos empobrecemos a nosotros mismos, sepultando una fuerza que vive en nosotros y no queremos admitir. En otras palabras, Occidente es lo que es gracias a la opción por el *logos*, pero al hacerlo dejamos de lado un universo que no pertenecía a su ámbito, *spiritus*, y desde principios del siglo XX un grupo mínimo, con Jung a la cabeza, advirtió que estábamos cometiendo un costoso error.

El panorama hoy es otro, ya no son unos pocos los que buscan una integración entre ambos mundos en Occidente, sino que también advierten que en el pensamiento antiguo de Oriente no hay tales mundos antónimos, sino que todo es uno, que todo se integra, que la separación también confluye, que la operación de separar y dividir sirve para entender, pero que luego hay que volver a juntar todo en una sola unidad. De no hacerlo, quedamos escindidos, rotos, sin *religare*, heridos.

Sospecho que mis nietas, entonces adultas, al leer este libro y ya casi terminándolo se preguntarán: «¿Abuelo, y tú qué piensas y en qué crees?». Pues les digo que nací en Occidente, en una provincia periférica del antiguo Imperio español americano que luego se hizo república, y de eso han pasado pocos años, apenas 207.

Les digo que llegué a una familia de librepensadores, alérgicos al dogmatismo, en un país cuya combinatoria social era amplia y variada. Una nación tejida por grandes oleadas migratorias españolas, portuguesas, italianas y colombianas.

Les digo que la cultura imperante fue la judeocristiana, pero que mis padres tuvieron la prudencia de inscribirme en colegios laicos en la primaria, y religiosos en la secundaria, de modo que el judeocristianismo en mí está matizado por las fuerzas liberales, que son hermosas en su defensa de los derechos del individuo, al igual que el cristianismo.

Les digo que mi psique se aviene bien con el taoísmo y el budismo, que en el hinduismo he hallado belleza, pero también un mundo de creencias muy similar al cristiano, que me sorprende mucho menos.

Les digo que la psicología arquetipal ha sido un feraz hallazgo para mi espíritu, y que por encima de cualquier aspecto soy libre para tejer mis propias combinatorias.

Les digo que la gran aventura de la vida es el crecimiento personal, la comprensión de uno mismo y del mundo que nos rodea. Nada hay más importante para la comunidad en que vivimos que trabajar diariamente por mejorarnos a nosotros mismos. Esta tarea pasa por ejercer la solidaridad, los vínculos afectivos con todos, y la idea, muy sembrada en el corazón, de que todos somos iguales y libres, y vinimos al mundo a desempeñar una tarea; por ello les digo que la búsqueda de una vocación es piedra central del edificio que construyan con sus vidas.

Les digo que creo en una fuerza divina que vive dentro de nosotros. Ella nos lleva a formar parte de un cosmos; y ubicar y cuidar a esa fuerza divina en nuestro interior es tarea impostergable, y hacerlo será luz y riqueza para sus vidas. Les digo que mi camino es solo un ejemplo, que ustedes tienen que hallar el suyo. Todos los caminos son personales.

En mí se ha ido tramando una combinatoria que parte de la doctrina de amor de Jesús y halla continuidad en las flores del liberalismo. Me refiero al respeto sagrado a la libertad del individuo, a la vida social regida por el imperio de la ley y a la igualdad que él implanta.

El taoísmo ha sido fuente de luz para mi combinatoria: su respeto por el curso natural de las cosas, el que se expresa en la dinámica de los fenómenos naturales y en las operaciones paradojales entre los elementos.

El budismo ha sido luz para encender dos alarmas: el deseo y la mente dispersa como fuentes de infelicidad. Por supuesto, lo que propone el budismo en sus extremos es imposible para nosotros, ya que el deseo ha sido el motor de la vida occidental, y eliminarlo por completo es como dejar de vivir. No obstante, ya que no podemos extraerlo de raíz en nosotros, nos toca educarlo, matizarlo, construirlo, saber que está allí y si no lo educamos nos destruye. Lo mismo ocurre con la mente: si no aprendemos a fijarla en un punto no lograremos nada. Cómo no amar del budismo el valor de la compasión y la idea de que la divinidad está en nosotros, que todos somos capaces de despertarla, que ella está allí esperando por nuestros trabajos para desperezarla. ¿Y no hay una conexión perfecta entre las milenarias investigaciones sobre la naturaleza del ego en el budismo y la psicología junguiana? Es evidente que sí. Del hinduismo me ha seducido su manera de resolver el álgido asunto del politeísmo y el monoteísmo. Hay un solo Dios que se manifiesta de múltiples maneras. Algo similar ha ocurrido en el cristianismo: el santoral católico es eso: una suerte de panteón politeísta.

El ideal aristotélico de la armonía se aviene perfectamente con el yin y el yang de la filosofía china. Es evidente que la enfermedad es un desarreglo, un desequilibrio, y la paz es el avenimiento de los contrarios sin violencia, equilibrándose. Pero la armonía es un desiderátum muy difícil, lo que está a la orden del día es lo contrario, por ello los primeros trabajos del hombre son consigo mismo, con su teatro interior. Sin poner la casa en orden es muy difícil desempeñar tareas exteriores que demandan sindéresis para desempeñarlas con eficiencia.

Y al final de este recuento, al borde de mis 60 años, recuerdo un poema que ha sido norte de mi vida desde que lo leí en 1978,

«Itaca», de Constantino Cavafy, el gran poeta alejandrino, en la traducción de Francisco Rivera:

> Itaca te ha dado el bello viaje.
> Sin ella no habrías emprendido el camino (Cavafy, 1978: 46).

Seguimos nuestro camino con Itaca en el corazón, pero Itaca ni siquiera se avizora. Su oferta nos mueve, nos hechiza, la bruma que la cubre nos imanta. La búsqueda sigue, sin respuestas definitivas, con atisbos, vislumbrando, con destellos de luz que alegran nuestros ojos, en medio de la oscuridad.

Bibliografía

ADLER, Laure (2016) *George Steiner. Un largo sábado. Conversaciones con Laure Adler.* Editorial Siruela, España.

ALEXANDER, Eben (2014). *La prueba del cielo.* Editorial Diana, Caracas.

_____ y Ptolemy TOMPKINS (2015). *El mapa del cielo.* Editorial Planeta y Zenith, Barcelona, España.

ARANGO, Elsa Lucía (2005). *Sadhana. Práctica espiritual de acuerdo con las enseñanzas de Sai Baba.* Organización Sri Sathya Sai de Colombia, Colombia.

ARISTÓTELES (1986). *Política.* Alianza Editorial, Madrid.

_____. *Ética nicomáquea* (2012). Colección Obras Universales, Caracas.

ARMSTRONG, Karen (2007). *La gran transformación. El mundo en la época de Buda, Sócrates, Confucio y Jeremías.* Editorial Paidós, Madrid.

_____. *Breve historia del mito* (2005). Ediciones Salamandra, Navarra (España).

_____. *Una historia de Dios* (1995). Editorial Paidós, Barcelona, España.

_____. *Breve historia del mito* (2005). Editorial Salamandra, Navarra, España.

ARRÁIZ LUCCA, Rafael (2004). *Obra poética.* Editorial El Otro @ El Mismo, Mérida, Venezuela.

_____. *Un bonzo sobre la nieve* (2011). Trilce Editores, Bogotá.

_____. *El recuerdo de Venecia y otros ensayos* (1999). Editorial Sentido, Caracas.

_____. *Juan Liscano (1915-2001)* (2008). Biblioteca Biográfica Venezolana, El Nacional - Banco del Caribe, Caracas.
BARRIO GUTIÉRREZ, José (2010). *Bhagavad-Gita o el canto del bienaventurado*. Edaf, Arca de Sabiduría, España.
BATLLE, Montse (2016). *En busca de la libertad*. Editorial Kairós, Barcelona, España.
BIERLEIN, J.F. (2001). *El espejo eterno. Mitos paralelos en la historia del hombre*. Editorial Oberón, Madrid.
BORGES, Jorge Luis (1997). *Obras completas en colaboración*. Emecé Editores, Madrid.
CADENAS, Rafael (2000). *Obra entera. Poesía y prosa (1958-1995)*. Fondo de Cultura Económica, México.
_____. *Los cuadernos del destierro* (1979). Fundarte, Caracas.
CALLE, Ramiro (2010). *Conversaciones con yoguis*. Editorial Kairós, Barcelona (España).
_____. *Conversaciones con lamas y sabios budistas* (2011). Editorial Kairós, Barcelona (España).
_____. *Autobiografía espiritual* (2012). Editorial Kairós, Barcelona (España).
_____. *Grandes sendas espirituales* (2017). Editorial Booket, Madrid.
CAMPBELL, Joseph (1980). *El héroe de las mil caras*. Fondo de Cultura Económica, México.
_____. *Las máscaras de Dios: mitología creativa* (1992). Alianza Editorial, Madrid.
_____. *El vuelo del ganso salvaje* (1998). Editorial Kairós, Barcelona, España.
_____. *En busca de la felicidad* (2014). Editorial Kairós, Barcelona, España.
_____. *Los mitos. Su impacto en el mundo actual* (2014). Editorial Kairós, Barcelona, España.
_____. *Las extensiones interiores del espacio exterior* (2013). Editorial Atalanta, Barcelona, España.
_____. *El poder del mito (entrevista con Bill Moyers)*. Editorial Capitán Swing, Madrid.

CAPPELLETTI, Ángel (1976). *Lao Tsé y Chuang Tsé*. Fundarte, Caracas.
CARROLL, Lewis (2003). *Alicia en el país de las maravillas*. Editorial Lumen, Italia.
CARRIÈRE, Jean-Claude (1997). *La fuerza del budismo*. Biblioteca de Bolsillo, Barcelona, España.
CAVAFY, C.P. (1978). *Cien poemas*. Monte Ávila Editores, Caracas.
CERVANTES, Miguel de (2004). *Don Quijote de La Mancha*. Real Academia Española, San Pablo, Brasil.
CIRLOT, Juan-Eduardo (1982). *Diccionario de símbolos*. Editorial Labor, Barcelona, España.
CLEARY, Thomas (1997). *Alquimia espiritual taoísta. Antología de textos clásicos*. Edaf, Madrid.
_____. *El secreto de la flor de oro* (2012). Edaf, Arca de Sabiduría, España.
CONZE, Edward (1997). *El budismo. Su esencia y desarrollo*. Fondo de Cultura Económica, México.
CHUANG-TZU (1984). *Chuang-Tzu. Literato, filósofo y místico taoísta*. Monte Ávila Editores, Caracas.
DAHLKE, Rüdiger y Thorwald DETHLEFSEN (2005). *La enfermedad como camino*. Editorial Debolsillo, México.
_____. *Nuevos caminos para sanar* (2008). Robin Book, Barcelona, España.
_____. *Terapias efectivas contra la depresión* (2009). Robin Book, Barcelona, España.
_____. *Mandalas* (1997). Robin Book, Barcelona, España.
DELUMEAU, Jean (2002). *El miedo en Occidente*. Editorial Taurus, España.
_____. *El hecho religioso* (1997). Siglo XXI Editores, México.
DESIKACHAR, T.K.V. (2013). *Yoga-Sutra de Patanjali*. Editorial Edaf, Arca de Sabiduría, España.
D'ORS, Pablo (2016). *Biografía del silencio*. Siruela, Biblioteca de Ensayo, Madrid.
DROIT, Roger-Pol (2011). *El ideal de la sabiduría*. Kairós, Barcelona, España.

DUMOULIN, S.J., Heinrich (1997). *Para entender el budismo*. Ediciones Mensajero, España.
ELIOT, T.S. (1979). *Poesías reunidas 1909/1962*. Alianza Tres, Madrid.
_____. *Cuatro cuartetos* (1989). Fondo de Cultura Económica, México.
ELORDUY S.J., Carmelo (2007). *Tao Te Ching*. Editorial Tecnos, España.
ENTERRÍA, Álvaro (2006). *La india por dentro*. Editorial Terra Incógnita, Barcelona, España.
EVANS-WENTZ, W.Y. (2004). *El gran yogui Milarepa del Tíbet*. Editorial Kier, Buenos Aires.
FREUD, Sigmund (2001). *Moisés y la religión monoteísta*. Alianza Editorial, Biblioteca Freud, Madrid.
_____. *El malestar en la cultura* (1999). Alianza Editorial, Biblioteca Freud, Madrid.
_____. *Psicología de las masas* (2000). Alianza Editorial, Biblioteca Freud, Madrid.
GANDHI, Mahatma (1973). *Autobiografía. La historia de mis experimentos con la verdad*. Monte Ávila Editores, Caracas.
GARDNER, Howard (1987). *La teoría de las inteligencias múltiples*. Fondo de Cultura Económica, México.
GERBASI, Vicente (1986). *Obra poética*. Biblioteca Ayacucho, N° 122, Caracas.
GIBSON, Ian (2016). *Ligero de equipaje. La vida de Antonio Machado*. Editorial Debolsillo, Barcelona, España.
GOLEMAN, Daniel (1997). *La salud emocional. Conversaciones con el Dalai Lama sobre salud, las emociones y la mente*. Editorial Kairós, Barcelona, España.
_____. *Emociones destructivas* (2012). Editorial Kairós, Barcelona, España.
_____. *La inteligencia emocional* (1996). Editorial Kairós, Barcelona, España.
GYATSO, Tenzin (décimo cuarto Dalai Lama del Tíbet) (2000). *El arte de vivir en el nuevo milenio*. Editorial Grijalbo, Barcelona, España.

_____. *El arte de la felicidad* (1999). Editorial Grijalbo, Barcelona, España.

_____. *El buen corazón. Una perspectiva budista de las enseñanzas de Jesús* (1998). Editorial Norma, Bogotá.

HANSON, Rick y Richard MENDIUS (2011). *El cerebro de Buda. La neurociencia de la felicidad, el amor y la sabiduría*. Editorial Milrazones, Barcelona, España.

HARARI, Yuval Noah (2014). *De animales a dioses. Breve historia de la humanidad*. Debate, Colombia.

_____. *Homo deus. Breve historia del mañana* (2016). Debate, Barcelona, España.

HENNEZEL, Marie de (1996). *La muerte íntima*. Plaza y Janés, Barcelona, España.

HILLMAN, James (2001). *El pensamiento del corazón*. Siruela, España.

_____. *Tipos de poder* (2000). Editorial Granica, Argentina.

_____. *El sueño y el inframundo* (2004). Editorial Paidós, España.

_____. *La cultura y el alma animal* (1994). Fundación Polar, Caracas.

HISLOP, John S. (1992). *Mi Baba y yo*. Ediciones Errepar, Argentina.

_____. *Conversaciones con Bhagavan Sri Sathya Sai Baba* (2003). Editorial Longseller, Argentina.

HUANCHU DAOREN (2002). *Retorno a los orígenes. Reflexiones sobre el Tao*. Edaf, España.

JUNG, Carl Gustav (1994). *Recuerdos, sueños, pensamientos*. Seix Barral Editores, España.

_____. *El hombre y sus símbolos* (1995). Editorial Paidós, España.

_____. *Civilización en transición*. Obra Completa, volumen 10 (2001). Editorial Trotta, Madrid.

_____. *Realidad del alma* (1957). Editorial Losada, Buenos Aires.

_____. *Encuentros con Jung* (2000). Editorial Trotta, Madrid.

KARANJIA, R.K. (1999). *Dios vive en India*. Ediciones Júpiter, Caracas.

KARUNAMAYI (2005). *Sri Gayatri. Los secretos internos revelados* (vol. I y II). Bogotá, Editorial Nomos.

KÜBLER-ROSS, Elizabeth (2011). *La rueda de la vida*. Ediciones Zeta Bolsillo, Bogotá.

_____. *Sobre la muerte y los moribundos* (2005). Editorial Debolsillo, Barcelona, España.

_____. *La muerte: un amanecer* (2012). Ediciones Océano y Luciérnaga, Barcelona, España.

LAO TSÉ (1983). *Tao Te Ching*. Editorial Orbis, Madrid.

_____. *Hua hu Ching. 81 meditaciones taoístas* (2005). Edaf, Madrid.

LENOIR, Frédéric (2000). *El budismo en Occidente*. Seix Barral Editores, Barcelona, España.

_____. *Breve tratado de la vida interior* (2011). Editorial Kairós, Barcelona, España.

LÉVI-STRAUSS, Claude (2007). *Mito y significado*. Alianza Editorial, Madrid.

LI YING-CHANG (2004) *Tratado de Lao Tsé sobre la respuesta del tao*. Edaf, España.

LISCANO, Juan (2007). *Obra poética completa (1939-1999)*. Fundación para la Cultura Urbana, Caracas.

_____. *Espiritualidad y literatura: una relación tormentosa y otros ensayos* (1976). Editorial Seix Barral, España.

LÓPEZ-PEDRAZA, Rafael (1981). *Hermes y sus hijos*. Editorial Ateneo de Caracas, Caracas.

_____. *Ansiedad cultural* (1987). Cromotip, Caracas.

_____. *Anselm Kiefer: la psicología de «Después de la catástrofe»*. (1998). Editorial Festina Lente, Caracas.

_____. *Dionisos en exilio* (2000). Editorial Festina Lente, Caracas.

_____. *Sobre héroes y poetas* (2002). Editorial Festina Lente, Caracas.

_____. *De Eros y Psique* (2003). Editorial Festina Lente, Caracas.

_____. *Artemisa e Hipólito: mito y tragedia* (2005). Editorial Festina Lente, Caracas.

_____. *4 ensayos desde la psicoterapia* (2006). Editorial Festina Lente, Caracas.

_____. *Emociones: una lista* (2008). Editorial Festina Lente, Caracas.
MACHADO, Antonio (1969). *Antología Poética*. Salvat Editores, Navarra, España.
MAHADEVAN, T.M.P. (2006). *Los Upanishads esenciales*. Editorial Prana, México.
MARINA, José Antonio (2005). *El vuelo de la inteligencia*. Editorial Debolsillo, Barcelona, España.
_____. *Por qué soy cristiano* (2005). Editorial Anagrama, Barcelona, España.
_____. *Las arquitecturas del deseo* (2007). Editorial Anagrama, Barcelona, España.
_____. *La inteligencia fracasada* (2004). Editorial Anagrama, Barcelona, España.
MAZZOLENI, Mario (2001). *Un sacerdote encuentra a Sai Baba*. Editorial Longseller, Argentina.
MONTAIGNE, Miguel Eyquem (1984). *Ensayos (edición íntegra)*. Ediciones Orbis, Barcelona, España.
_____. *Páginas inmortales*. Selección y prólogo de André Gide (1993). Tusquets Editores, Barcelona, España.
MONTEJO, Eugenio (1978). *Terredad*. Monte Ávila Editores, Caracas.
_____. *Alfabeto del mundo* (1987). Editorial Laia, Barcelona.
_____. *Adiós al siglo XX* (1992). Ediciones Aymaría, Lisboa.
MURPHET, Howard (1996). *Ahí donde termina el camino*. Ediciones Errepar, Argentina.
MURUGAN (1999) *Vislumbres de Karunamayi*. Bogotá, Quebecor Impreandes.
OSHO (2006). *Autobiografía de un místico espiritualmente incorrecto*. Editorial Kairós, Barcelona, España.
_____. *El libro del yoga II* (2011). Editorial Kairós, Barcelona, España.
_____. *El ABC de la iluminación* (2007) Ediciones Debolsillo, Bogotá.
OSSOTT, Hanni (1987). *El reino donde la noche se abre*. Editorial Mandorla, Caracas.

PALACIOS, Antonia (1978). *Textos del desalojo*. Monte Ávila Editores, Caracas.
PANIKKAR, Raimon (2011). *Iniciación a los Vedas*. Fragmenta Editorial, España.
PLATÓN (1998). *La República o el Estado*. Biblioteca Edaf, España.
REVEL, Jean-François y Matthieu RICARD (1998). *El monje y el filósofo*. Editorial Urano, España.
RIMPOCHÉ, Sogyal (1994). *El libro tibetano de la vida y de la muerte*. Editorial Urano, Barcelona, España.
_____. *Destellos de sabiduría* (1996). Editorial Urano, Barcelona, España.
_____. *El futuro del budismo* (2004). Editorial Books4pocket, España.
ROBERTSON, Robin (2011). *Introducción a la psicología junguiana*. Ediciones Obelisco, España.
ROJAS GUARDIA, Armando (2006). *Obra completa. Ensayo*. Editorial El Otro @ El Mismo, Mérida (Venezuela).
ROJO, Violeta (1996). *El infierno soy yo (conversaciones con Rafael Arráiz Lucca)*. Editorial Panapo, Caracas.
ROSEN, David H. (1988). *El tao de Jung*. Barcelona, Paidós.
RUMÍ, Jalaluddin (1998). *En brazos del amado*. Editorial Arca de Sabiduría, Madrid.
RUSSELL, Bertrand (1971). *Historia de la filosofía occidental*. Espasa-Calpe, Madrid.
SAINT-EXUPÉRY, Antoine de (2014). *Tierra de los hombres*. Editorial Lugar Común, Caracas.
_____. *El principito* (2014). Editorial Planeta, Caracas.
SCHÖN, Elizabeth (1991). *El abuelo, la cesta y el mar*. Monte Ávila Editores, Caracas.
SUZUKI, Daisetz Teitaro (2010). *Budismo zen*. Editorial Kairós, Barcelona, España.
TARNAS, Richard (2008). *La pasión de la mente occidental*. Ediciones Atalanta, Girona.
_____. *Cosmos y psique* (2009). Ediciones Atalanta, Girona.
THERA, Narada (2006). *Dhammapada. La enseñanza de Buda*. Editorial Edaf, Arca de Sabiduría, España.

TURNER, Ralph (1948). *Las grandes culturas de la humanidad*. Fondo de Cultura Económica, México.
TORRALBA, Francesc (2010). *Inteligencia espiritual*. Editorial Plataforma Actual, Barcelona, España.
TORRES, Ana Teresa (2009). *La herencia de la tribu*. Editorial Alfa, Biblioteca Ana Teresa Torres, Caracas.
TRESIDDER, Jack (2008). *Los símbolos y sus significados*. Editorial Blume, Tailandia.
WONG, Eva (1997). *Lie-Tsé. Una guía taoísta sobre el arte de vivir*. Edaf, Madrid.
WOODCOCK, George (1971). *Gandhi*. Editorial Grijalbo, Barcelona, España.
YOGANANDA, Paramahansa (2008). *Autobiografía de un yogui*. Self-Realization Fellowship, Estados Unidos de Norteamérica.

ESTA EDICIÓN DE
LA OTRA BÚSQUEDA.
AUTOBIOGRAFÍA ESPIRITUAL
FUE IMPRESA POR CREATESPACE
PARA SU COMERCIALIZACIÓN
EXCLUSIVA A TRAVÉS DE AMAZON.

www.ingramcontent.com/pod-product-compliance
Lightning Source LLC
Chambersburg PA
CBHW031952080426
42735CB00007B/367